W0059062

Andrea Stetzuhn

Die Reise ins Herz

Botschaften für den eigenen
Herzensweg

Band 1

Wichtiger Hinweis

Die im Buch veröffentlichen Empfehlungen wurden von Verfasser und Verlag sorgfältig erarbeitet und geprüft. Eine Garantie kann dennoch nicht übernommen werden. Ebenso ist die Haftung des Verfassers bzw. des Verlags und seiner Beauftragten für Personen-, Sach- und Vermögensschäden ausgeschlossen. Die im Buch erwähnten Übungen ersetzen keine ärztliche oder therapeutische Behandlung.

Alle Rechte vorbehalten, insbesondere das der Übersetzung, des öffentlichen Vortrags sowie der Übertragung durch Rundfunk und Fernsehen, auch einzelner Teile. Kein Teil des Werks darf in irgendeiner Form (durch Fotografie, Mikrofilm oder andere Verfahren) ohne schriftliche Genehmigung des Verlags reproduziert oder unter Verwendung elektronischer Systeme verarbeitet, vervielfältigt oder verbreitet werden.

Impressum

Originalausgabe 2019
© 2019 MIA-Verlag, Backnang
ISBN: 978-3-945318-07-2

MIA-Verlag
Kieshofstr. 41
71522 Backnang
www.emesthos.de

Konzept, Coverdesign und Buchlayout:
Nils Hoffmann Design / www.nils-hoffmann-design.de
Druck und Bindung: Drusala, s.r.o / Tschechien

Andrea Stetzuhn

Die Reise ins
Herz

Botschaften für den
eigenen Herzensweg

Band 1

mia
Verlag

Inhalt

Vorwort

Seit über 15 Jahren begleitet mich EMESTHOS als Engel und Freund.

Mit ihm und zusammen mit Veronika Gindele verfolgen wir gemeinsam das Projekt „Die Reise ins Herz", dessen zentrale Intention es ist, Menschen wieder an ihr Herz, ihre wahre Natur, ihr seelisch-geistiges Wesen und ihr einfaches, leichtes Sein zu erinnern.

Unzählige Sitzungen habe ich seitdem gegeben, in denen Klienten EMESTHOS um Rat gefragt haben, wie sie ein erfüllteres, bewussteres, gesünderes, leichteres und liebevolleres Leben führen können.

In Seminaren, Schulungen und Meditationsgruppen habe ich das Wissen und die Weisheit, die in den Botschaften von EMESTHOS enthalten sind, mit allen Teilnehmern geteilt.

Und immer wieder wurde mir eine Frage gestellt:

„Wo kann ich mehr über EMESTHOS erfahren? Gibt es ein Buch mit Botschaften und Antworten von EMESTHOS auf die Fragen des Alltags, über das Zeitgeschehen und über den Aufstieg der Menschheit und der Erde?"

Ich freute mich auf der einen Seite über das rege Interesse, auf der anderen Seite stellte sich mir immer wieder die gleiche Frage: „Wo, um Himmels Willen, sollte ich anfangen?" Die Botschaften, die ich in den letzten knapp zwei Jahrzehnten gesammelt hatte, waren so umfangreich, dass ich das „Projekt Buch" immer wieder nach ganz unten setzte auf meiner To-Do-Liste.

Das Projekt „Die Reise ins Herz" mit EMESTHOS nahm alle meine Zeit und Kraft in Anspruch. Dennoch blieb dieser Gedanke an ein Buch immer präsent. Wenn es mal eben in Vergessenheit geriet, bekam ich prompt eine kurze Erinnerung durch einen Klienten oder einen Seminarteilnehmer. Ich dachte dann innerlich schmunzelnd: „Danke EMESTHOS, dass du mir eine kleine Erinnerung schickst, dass es an der Zeit ist, aus meiner Komfortzone und meiner Vermeidungshaltung herauszutreten."

Liebevoll und weise, wie die Engel nun mal sind, hat mir EMESTHOS dann vorgeschlagen, ein ganzes Jahr lang, immer an einem Samstag eine Botschaft zu channeln und sie aufzuschreiben. Die Samstagsbotschaften, die im Internet veröffentlicht wurden, fanden immer mehr Leser und Fans. Schon bald, nachdem das Schreiben der Botschaften am Samstagmorgen zu einer liebgewonnenen, neuen Gewohnheit geworden war, eröffnete mir EMESTHOS, dass ich am Ende des Jahres ein Buch mit allen gesammelten Botschaften herausgeben sollte.

Und so ist es jetzt entstanden: Das erste Buch aus der Reihe „Die Reise ins Herz" mit EMESTHOS, ganz spielerisch und leicht, Schritt für Schritt, mit viel persönlichem Wachstum und viel Freude für mich und ich hoffe mit vielen neuen Erkenntnissen, Lichtblicken und Weisheit für alle meiner Leser.

Andrea Stetzuhn

Gute Vorsätze für ein neues Jahr

Zu Beginn eines neuen Jahres oder an besonderen Jahrestagen seid ihr Menschen voller neuer, guter Vorsätze für euer Leben. Meist trefft ihr eine Entscheidung, etwas in eurem Leben zu verändern, wenn ein Mangel vorhanden ist.

Ein Mangel an Gesundheit und Wohlbefinden, ein Mangel an Geld und Fülle, ein Mangel an Beziehungen und Liebe, ein Mangel an Lebenssinn, Freude und Selbstentfaltung. Die Aufzählung ließe sich mühelos erweitern.

Dieser Mangel wird von euch negativ erfahren als Schmerz und Leid. Ihr fühlt euch häufig als Opfer der Umstände eures Lebens.

Tatsächlich ist es so, dass ihr nicht Opfer, sondern Schöpfer eurer Realität seid. Ihr gebt eurem Leben, euch selbst und den Umständen die Bedeutung, die sie für euch haben. Lange bevor es zu dem erlebten Mangel in eurem Leben kommt, habt ihr also eine unbewusste Entscheidung getroffen, welche Bedeutung etwas in eurem Leben hat.

Und genau das ist der Schlüssel für die Tür, die zu einer Veränderung in eurem Leben führt.

Wenn du gute Vorsätze gefasst hast für dein neues Jahr, schreibe sie, wenn du es noch nicht getan hast, jetzt auf. Hinterfrage, welcher Mangel und welches Thema sich hier zeigt in deinem Leben.

Was ist dein Ziel?
Reflektiere auf welche Art und Weise es dir möglich ist, selbst die Verantwortung für die Beseitigung des Mangels zu übernehmen.

Gehe dazu regelmäßig in die Stille und stelle dir folgende Fragen:

Welche Bedeutung gebe ich diesem Thema?

Warum ist es jetzt so wichtig für mich?

Welche Entscheidungen habe ich in der Vergangenheit getroffen, dass ich jetzt diesen Mangel erlebe?

Welches Umdenken und welche neuen Entscheidungen gilt es für mich zu treffen?

Wir möchten dich einladen, voller Freude in die Veränderung zu gehen. Veränderungen beginnen stets in dir und nicht im Außen.
So sei es.

Großzügigkeit leben

Wir möchten dich einladen, großzügig zu sein. Großzügigkeit zu leben, bedeutet für dich zunächst, dir deiner eigenen Größe bewusst zu werden. Nun, was heißt das?

Es geht letztlich darum, für dich zu erkennen, wer du wirklich bist. Häufig geht ihr Menschen unbewusst und unachtsam durch euren Alltag und euer Leben. Und das Leben macht dann scheinbar, was es will mit euch.

Die bewusste Achtsamkeit darauf zu lenken, dass du selbst zentraler Mittelpunkt in deinem Leben bist, von dem alles ausgeht, ist der erste Schritt für dich, um wieder bei dir selbst anzukommen und um dir deiner wahrhaftigen Größe bewusst zu werden. Zentraler Mittelpunkt deines Lebens zu sein, hat nichts mit Egoismus zu tun, sondern vielmehr mit der Selbstverantwortung, die du für dich und dein Leben übernimmst. Die Selbstverantwortung entspringt aus der Liebe zu dir selbst heraus. Und die Selbstliebe bildet das Fundament für dein Leben und dein Wachstum.

Gelingt es dir, dich zu zentrieren in dir selbst und in deinem Leben, wirst du erkennen, dass es da etwas gibt, dass groß, mächtig, unendlich, freudig, liebevoll und glückselig ist in dir. Du wirst spüren, dass es jetzt Zeit wird, diese Aspekte in deinem Alltag zu integrieren – damit meinen wir, sich ihrer bewusst zu werden, sie zu leben und umzusetzen in deinem Alltag als Gedanken, Gesten und Handlungen.

Sich der eigenen Größe bewusst zu werden, wird nicht dadurch erzielt, sich mit anderen zu vergleichen, um sich in diesem Vergleich über andere zu erhöhen oder besser zu stellen. Die Größe, die du in deinem Inneren findest und die wir meinen, lässt dich erkennen, welches grenzenlose Wesen mit unendlichen Möglichkeiten du bist und dass jedes Wesen diese Größe in sich trägt. Das ist eine wunderbare Gemeinsamkeit von euch allen, die euch wieder an die Einheit allen Seins und Lebens erinnert.

Großzügigkeit zu leben bedeutet somit aus unserer Sicht, sich der eigenen Größe gewahr zu sein, sie zu leben und umzusetzen im Alltag und somit anderen ebenfalls die Hand zu reichen, ihre eigene Größe wieder in sich zu entdecken. Diese Art von Großzügigkeit macht dich reich und du kannst aus ihr heraus unendlich geben, ohne dass du jemals selbst dadurch einen Mangel erfahren wirst.

Frage dich in diesem Zusammenhang:

Wie großzügig bin ich in meinem Alltag?

Bin ich mir meiner Größe bewusst? Wie oft vergleiche ich mich mit anderen? Wie oft ziehe ich dann hier den Kürzeren und fühle mich klein und mangelhaft?

Welche gezielten Schritte und Handlungen kann ich in meinem Alltag unternehmen, um mich zu zentrieren, um so in Kontakt mit meiner Größe zu kommen?

Wo, wann und wie kann ich in meinem Alltag Großzügigkeit leben? Kann ich etwas geben, ohne dass mich es etwas „kostet"?

Wir wünschen dir, dass du dich an deine Größe erinnerst. Du hast sie nie verloren, sie war und ist immer da. Lass die Welt daran teilhaben und sei großzügig.
So sei es.

Was ist Spiritualität?

Wir werden von euch Menschen oft gefragt, was es heißt, spirituell zu sein. Was bedeutet es, ein spirituelles Leben zu führen? Die Frage ist einfach beantwortet.

Spiritualität heißt, ein beseeltes Leben als Mensch zu führen, sich seiner grenzenlosen Essenz in diesem begrenzten Menschsein stets gewahr zu sein.

Ein spirituelles Leben ist ein Leben in Achtsamkeit und Bewusstheit eurer Essenz, eurer Seele. Die Achtsamkeit hilft euch dabei, eure Bewusstheit, die euch Erkenntnisse aus euren Erfahrungen schenkt, lebendig zu erleben. Nun, was heißt das?

Das heißt, Spiritualität entsteht nicht in eurem Kopf oder existiert nicht als geistige Vorstellung, Religion oder philosophisches Weltbild in euch. Sondern Spiritualität bedeutet, allen deinen Erfahrungen, durch die Gewinnung von Erkenntnis, einen Sinn zu schenken und diese Erkenntnis dann umzusetzen.

Häufig fragt ihr nach dem Sinn im Leben und macht euch sozusagen auf die Suche und findet ihn auf eurem spirituellen Weg. Doch vergesst nicht, auf der Suche nach Erkenntnis, euer Leben. Erkenntnisse zu finden ist das eine, Erkenntnisse umzusetzen und in euren Alltag zu integrieren, ist das andere.

Wird Erkenntnis durch Achtsamkeit und Bewusstheit aktiv umgesetzt und gelebt, so entsteht daraus Weisheit. Besteht das Neue Bewusstsein lediglich nur in deinem Kopf und lebst du nach wie vor in dem Automatismus deiner alten Muster, wirst du keine

Veränderung in deinem Leben erreichen. Im Gegenteil, die Herausforderungen in deinem Alltag werden an Anzahl und Intensität zunehmen, als Einladung nun ins Handeln zu kommen.

Wir möchten dich ermutigen, deiner Essenz in deinem menschlichen Leben Ausdruck zu verleihen.

Frage dich deshalb:
Inwieweit gelingt es mir, achtsam durch meinen Alltag zu gehen? Gelingt es mir, bewusst aus Erfahrungen, Erkenntnisse und Lernerfolge zu gewinnen?

Setze ich diese Erfahrungen bewusst und aktiv um in meinem Alltag, auch wenn es dazu nötig ist, alte Gewohnheiten loszulassen?

Für deine Spiritualität gibt es keine Maßeinheit, obwohl wir immer wieder nach Ebenen und Stufen des Lichtkörperaufstiegs gefragt werden. Lass den Gedanken los, dich mit anderen zu vergleichen, die vermeintlich spiritueller sind als du.

Ob du selbst ein spirituelles Leben lebst, spürst du selbst. Lebst du im Einklang mit dir selbst, in der Liebe zu dir selbst und in der Anerkenntnis deiner Seelenessenz, schenkt dir das Frieden, Liebe, Glück und ein Leben im Hier und Jetzt. Das ist Spiritualität.

So sei es.

Bist du offen für etwas Neues in deinem Leben?

Diese Botschaft möchte dich daran erinnern, dass dein Leben und Sein aus einem stetigen Wachsen und Verändern besteht. Es ist sozusagen ein natürlicher Prozess, dass Wandlung und Erneuerung stattfinden. Ist dein Leben in einem gesunden Fluss, so geht Altes und kommt Neues. Du bist in Harmonie und im Einklang.

Ihr Menschen habt es verlernt, in dieser Harmonie zu sein. Neues und Veränderung werden nicht mehr als etwas Natürliches angesehen, sondern als Stress erlebt. Das Gewohnte und Althergebrachte scheint jetzt normal zu sein und Sicherheit zu schenken. Deshalb wird so vehement daran festgehalten. Wandel und Veränderung sind dagegen mit Sorgen, Unsicherheit und Ängsten behaftet und werden deshalb abgelehnt oder nur mit großem Widerstand angenommen. Das Leben empfindet ihr dann als großen Kampf, es ist mit Leid und großen Herausforderungen verbunden. Diese Disharmonie zwischen Loslassen und Empfangen sorgt dafür, dass ihr aus eurer natürlichen, inneren Mitte heraustretet und euch in einem Ungleichgewicht befindet.

Wenn du dir vergegenwärtigst, dass auch dein Körper und sein ganzes Zellsystem sich stetig erneuert, Altes loslässt und somit ein Gleichgewicht erschafft, um lebendig zu sein – so ist es für dich sicher nachvollziehbar, dass es in Disharmonie zu Alterung, Krankheit und Verfall der Zellen und des Körpers kommt.

Was du wieder brauchst, um in diese natürliche Harmonie zurückzukehren, sind Vertrauen und Offenheit.

Vertrauen, dass du als Seele hier Mensch geworden bist, um dich in der Polarität zu erleben. Vertrauen, dass du als Seele aus der Einheit der Quelle der Schöpfung gekommen bist und wieder dorthin zurückkehren wirst. Das bedeutet: Was auch immer du tust auf deinem Weg bis dahin, du kannst nicht scheitern, denn dein Ziel ist klar und gewiss! Vertrauen, dass jede Veränderung, jeder Schritt, dich dir wieder selbst und der Einheit ein Stück näher bringt. Vertrauen, dass Veränderung und Erneuerung, Wachstum und Leben bedeutet.

Offenheit, deine alten Gewohnheiten wahrzunehmen, sie zu hinterfragen und Schritt für Schritt loszulassen, wenn sie dich daran hindern, Neues in dein Leben einzuladen. Offenheit, Möglichkeiten und Chancen, die sich innerhalb von Situationen in deinem Alltag zeigen und die bislang noch außerhalb deiner Vorstellungskraft des Verstandes liegen, wahrzunehmen und aktiv anzunehmen. Offenheit, trotz der bislang erlebten emotionalen Verletzungen und Enttäuschungen, dein Herz auf den Empfang von Liebe, Freude, Wahrheit und Glück auszurichten.

Vertrauen und Offenheit sorgen dafür, dass du jede Erfahrung in deinem Leben annehmen kannst, als Möglichkeit zu wachsen und zu lernen. Du gewinnst Erkenntnisse. Ihr Menschen nennt das Lebenserfahrung. Diese Erkenntnisse sind das Potential deiner Erneuerung. Wenn du sie integrierst und sie aktiv umsetzt in deinem Leben, dann werden Veränderungen geschehen. Dann werden deine Wünsche und Visionen sich realisieren. Dann wird dein Leben lebendig sein.

Frage dich deshalb:

Wie gehe ich in meinem Alltag mit Veränderung und Neuem um? Was fühle und empfinde ich dabei?

Fällt es mir leicht oder eher schwer loszulassen (Situationen der Vergangenheit, in Beziehungen, Materie/Dinge)?

Gehe ich mit einer Offenheit durch mein Leben oder neige ich zu Skepsis, Kontrolle und Verschlossenheit?

Erkenne ich Chancen und Möglichkeiten in meinem Leben oder hadere ich mit den Herausforderungen und Aufgaben, die mir das Leben stellt?

Wir möchten dich einladen, mutig zu sein, dich dem Leben und dem natürlichen Wachsen zu öffnen. Wie wunderbar aufregend, spannend, interessant und intensiv kann dein Leben sein, wenn du dich für die Möglichkeiten und Chancen öffnest.
So sei es.

Was ist eine Erklärung?

Wir möchten euch heute das Wort Erklärung und dessen Sinn erklären.

Das hört sich vermutlich etwas seltsam an, weil dein Verstand dir sofort zu verstehen gibt, dass du weißt, was eine Erklärung ist und dass dir das niemand erklären muss.

Dein gesamter Lern- und Wachstumsprozess als Mensch scheint aus Erklärungen zu bestehen. Deine Eltern haben dir in deinen ersten Lebensjahren die Welt erklärt. Später hat die Schule, die Gesellschaft, die Religion und dein Beziehungsumfeld, dir die Spielregeln des Lebens erklärt. Dein Verstand hat alle diese Erklärungen gesammelt, sozusagen ein großes Archiv oder einen Datenspeicher angelegt. Hier sind deine Erklärungen und dein Glauben über dich und deine Welt sicher aufbewahrt.

Begegnet dir eine Situation in deinem Alltag, wird sie mit den gesammelten Erklärungen automatisch und in Sekundenschnelle abgeglichen. Sie geben dir Sicherheit und Orientierung. Sie halten dich jedoch auch in einer Begrenzung, die aus Prägungen und Glaubensmustern bestehen.

Doch möglicherweise gibt es die eine oder andere Situation in deinem Leben, in der du die Welt nicht mehr verstehst, in der du ins Zweifeln und Grübeln kommst, und alle Erklärungsversuche deines Verstandes scheitern.

Dann hast du die Gelegenheit und die Möglichkeit, wirklich zu erfahren, was es heißt, eine Erklärung für etwas zu finden.

Erklären heißt für uns, einfach Klarheit zu schaffen. Klarheit, sodass jedes Wesen aus seiner Unwissenheit, Unklarheit und Verwirrung, seiner Unbewusstheit erwacht. Klarheit vereinfacht euer Leben ungemein. Unklarheit dagegen lässt euch das Leben häufig als schwer und mühsam empfinden.

Eigene Erklärungen zu finden, heißt sich in den Selbsterkenntnisprozess zu begeben, den Blick nach Innen zu wenden und Klärung in sich selbst zu erzielen. Klärung heißt, sich in Kontakt mit der eigenen Natur und der eigenen Wahrhaftigkeit zu begeben. Sozusagen, sich hinter die Fassade deiner Prägungen und Glaubensmuster zu begeben und dort deine Freiheit zu entdecken.

Wir sagen dir, niemand anderer kann dir das Leben erklären. Du selbst kannst es. Du selbst trägst die Klarheit und die Antworten in dir!

Wir sind gekommen, um dich daran zu erinnern, dass in dir alle Kraft liegt, dich selbst zu bemächtigen. Wir möchten dich einladen, von nun an eigene Erklärungen für dich und dein Leben zu finden.

Dies führt zweifelsohne zu einem tiefgreifenden Prozess der Selbstdefinition und Selbsterneuerung. Dieser Prozess findet auf deiner Herzensebene und nicht auf der Ebene deines Verstandes statt. Erklärung setzt Erkenntnis und nicht Verständnis – im Sinne eines rationalen Verstehens – voraus.

Frage dich in deinem Alltag:

In welchen Bereichen meines Lebens und meines Alltags, folge ich noch den Erklärungen anderer?

Wo fühle und spüre ich selbst Unklarheit in mir?

Wo und wann begegnen mir Verwirrung und Schwere in meinem Leben?

Frage Menschen in deinem nahen Beziehungsumfeld, wie sie dich sehen und dich erleben. Stimmt das mit deiner Selbstwahrnehmung und Selbstdefinition überein? Das heißt, bist du „selbsterklärend" – lebst du das, was du wirklich und wahrhaftig bist? Verleihst du dem, was du bist, einen authentischen Ausdruck?

Sich Klarheit zu verschaffen bedeutet auch, sich davon zu reinigen und zu befreien, was unklar macht und die klare Sicht verhindert. Das Loslassen von begrenztem Denken und Handeln ist hier von großer Bedeutung für dich. Nutze jeden Tag, um dir selbst dein Dasein als Seele und dein Leben als Mensch zu erklären. So bist du tatsächlich aktiv in deiner Schöpferkraft.

Sei selbsterklärend!
   So sei es.

Liebevoll sein

Bist du schon einmal einem liebevollen Menschen begegnet? Wie hat dieser Mensch auf dich gewirkt? Was hast du in seiner Gegenwart gefühlt? Und möchtest du auch dein Leben liebevoll leben und gestalten?

Jedes Wesen möchte dauerhaft die Erfahrung der Liebe machen. Du als Mensch möchtest Liebe spüren und erleben. Das ist der essentielle Grund eures Denkens und Handelns, eures Lebens. Alles dreht sich sozusagen um das Thema der Liebe.

Liebevoll zu sein und das eigene Leben zu gestalten, heißt aus unserer Sicht nichts anderes, als voller Liebe, also vollständig angefüllt mit Liebe zu sein und zu spüren, dass Liebe in dir ist und du sie nicht suchen brauchst, weil du sie niemals verlieren kannst. Niemand kann dir deine Liebe nehmen. Was geschieht, wenn ihr euch nicht mehr in einem liebevollen Zustand befindet ist, dass ihr die Liebe vergessen habt. Ihr schenkt ihr sozusagen keine Beachtung und Aufmerksamkeit mehr. Das bedeutet jedoch nicht, dass sie nicht mehr in euch ist!

Um wieder in ein liebevolles Sein zurückzukehren, bedarf es einer Rückerinnerung und eines Erwachens aus der Unbewusstheit. Oft glaubt ihr Menschen, dass dies möglich ist, indem ein anderer euch so viel Liebe gibt und schenkt, dass ihr selbst wieder angefüllt seid mit Liebe. Ihr macht euch auf die Suche nach diesem Menschen, der euch das geben kann. Doch auf dieser Suche kann es euch nicht gelingen, liebevolle Beziehungen einzugehen. Denn ihr seid in diesem Beziehungsspiel derjenige, der eben nicht liebe-"voll", sondern bedürftig nach Liebe ist.

Es ist der Weg nach Innen und die Besinnung auf die Liebe zu euch selbst, die es euch ermöglicht, liebevoll zu sein und liebevolle Beziehungen zu führen.

Nutze deshalb jeden Tag, um dich selbst mit Liebe anzufüllen, indem du dich darin übst, dich so anzunehmen, wie du wirklich bist. Erkenne, welche Erfahrungen dazu geführt haben, dass du dich Schritt für Schritt von diesem liebevollen Zustand entfernt hast.

Welche negativen Emotionen aus diesen Erfahrungen, halten dich jetzt in der Gegenwart davon ab, voller Liebe zu sein?

Stelle dir bei dieser inneren Schau vor, du wärst ein „Behältnis" für Liebe. Dieses Behältnis ist mit einer Füllstandsanzeige ausgestattet. Erlaube es dir, jeden Tag auf diese Anzeige zu schauen und hineinzuspüren, inwieweit du tatsächlich angefüllt bist mit Liebe. Du selbst hast direkten Einfluss darauf, in welchem Maß du erfüllt bist mit Liebe. Äußere Umstände und Personen, die dich möglicherweise ärgern, reizen oder gar ablehnen, sind lediglich Stellvertreter für deine innere, niedrige Füllstandsanzeige der Liebe. Bist du in Kontakt mit dir selbst, benötigst du dieses Barometer der Liebe im Außen nicht mehr und somit verlieren die äußeren Umstände und Personen die Macht, über das Ausmaß deiner Liebe zu bestimmen. Dann bist du wieder in deiner Macht und Schöpferkraft angekommen. Dann spielt das Thema der Ablehnung und des Ungeliebtseins keine Rolle mehr in deinem Leben.

Wir möchten dich einladen, dich jeden Tag darauf auszurichten, dich aktiv mit Liebe anzufüllen. Dich wieder selbst zu lieben, um dann angefüllt mit dieser Liebe, in deinen Alltag zu gehen. Lasse keinen Tag verstreichen, an dem du dich nicht um die Liebe zu dir selbst gekümmert hast.

Dann gelingt es dir, aus deinem liebevollen Sein heraus, liebevolle Beziehungen mit anderen einzugehen. Wünsche dir also nicht, dass dein Partner oder dein Umfeld liebevoller sein sollte, sondern öffne dich selbst für diesen Prozess der Liebe in dir. Wie kannst du erwarten, dass dich ein anderer bedingungslos liebt und dich so annimmt, wie du bist, wenn du selbst nicht über dich glaubst, liebenswert und liebenswürdig zu sein?

Beginne heute noch, dich wieder in dich selbst zu verlieben. Lerne wieder, dir selbst nah zu sein, sodass andere dir wieder nah sein und dich berühren können.

Treffe jetzt eine Entscheidung, denn das ist dein erster Schritt in eine Veränderung.

Über negative Emotionen, die eine Herzmauer bilden und über Glaubensmuster, die dich davon abhalten, liebevoll zu sein und wie du sie erlösen kannst, werden wir in einer der nächsten Botschaften sprechen.

So sei es.

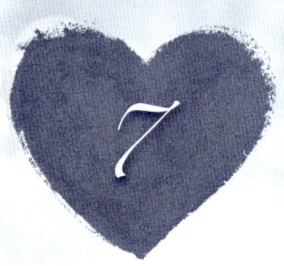

Bist du Kläger oder Angeklagter in deinem Leben?

Was glaubst du? Wie oft be„klagst" du dich über deine Lebensumstände, über die Menschen in deinem Umfeld oder gar über dich
selbst?

Ihr Menschen beklagt euch, wenn ihr glaubt, dass euch Unrecht
angetan wurde. Ihr könnt euer Recht einklagen, bei einer gesellschaftlichen Institution, die für Recht und Gerechtigkeit sorgen
soll.

Wenn ihr etwas verloren habt, sprecht ihr auch davon, dass ihr
einen Verlust beklagt. Ihr klagt dann über den empfundenen Mangel, beispielsweise eines geliebten Menschen und dessen Nähe und
Liebe oder aber eines wertvollen Gegenstandes und dem damit verbundenen Gefühl von Fülle und Reichtum. An wen richtet ihr hier
eure Klage, wenn ihr das als ungerecht empfindet, dass euch
scheinbar etwas genommen wurde?

Beklagen tut ihr Menschen euch letztlich auch, wenn ihr mit
euch selbst und eurem Leben unzufrieden seid. Die Unzufrieden-
heit, die aus einem Vergleich mit anderen entsteht, denen es vermeintlich besser geht, die glücklicher, reicher, erfüllter, schlanker,
gesünder, klüger sind. Die Aufzählung ließe sich beliebig fortführen. Auch hier spürst du tief in dir drin ein Gefühl der Ungerechtigkeit. Warum die anderen und nicht ich?

Wir sagen dir, solange du dich noch beklagst, solange hast du
noch nicht erkannt, welche Schöpferkraft in dir liegt. Solange du
dich noch beklagst, bist du in der Rolle eines Opfers und das Leben

und das Schicksal machen mit dir, was sie wollen. Solange du dich noch beklagst, hast du dich nicht entschieden, dein Leben selbst in die Hand zu nehmen, um es aus deinem Potential heraus zu leben und zu formen. Wir möchten sogar so weit gehen, zu sagen, dass wenn du dich beklagst und haderst, du dich entschieden hast, all deine Kraft und Größe abzugeben. Du machst dich selbst handlungsunfähig und nimmst eine passive Haltung im Leben ein. Doch wer oder welche Instanz entscheidet das in dir? Deine Seele, dein Herz, dein Ego, deine Vernunft?

Deine Seele ist Mensch geworden, um sich in der Materie zu erfahren, zu experimentieren, wie es gelingen kann, in der verdichteten Energie der Dualität und in der Begrenztheit des menschlichen Seins, sich frei und unbegrenzt zu erfahren. Es ist eine Art Spiel, möchten wir sagen, in dem es keine Verlierer gibt. Die Besinnung auf Fähigkeiten und Potentiale, helfen dabei im Spiel voranzukommen und zum Ziel zu gelangen. Jedes Mal, wenn du aktiv mitspielst und dich auf deine Fähigkeiten besinnst, ist es, als ob du gerade einen Joker im Spiel bekommen hättest. Wenn du aktiv mitspielst, kann es Spaß und Freude machen. Der Ausgang des Spiels hängt nicht vom Glück ab, sondern von der Fähigkeit, auf alle Gegebenheiten adäquat und aktiv zu reagieren.

Wir möchten dich einladen und ermutigen, kein Spielverderber zu sein und aktiv mitzuspielen im Spiel des Lebens, anstatt nur am Rand zu stehen und zuzuschauen, während andere spielen. Das kann dir wahre Freude schenken. Der Ausgang des Spiels ist gewiss. Du kannst nicht verlieren, sondern nur gewinnen an Erfahrungen, an Erkenntnis und an Größe. Daraus ergeben sich für dich spürbar die Gefühle von Sinn, von Liebe, Freude und Erfüllung.

Wenn du dich häufig beklagst in deinem Leben, ist es jetzt Zeit, dich zu entscheiden, wieder aktiv zu werden und deiner Seele Ausdruck zu verleihen. Dein Ego ist es, das sich beklagt, das hadert und jammert, weil es nicht die Weitsicht über dein Potential hat. Deine Seele hat diese Weitsicht. Dein Ego bewegt sich stets in alten Denk- und Verhaltensmustern, die dich davon abhalten, offen dem Leben zu begegnen. Es urteilt und wertet sofort. Das Ego liebt es, in Schubladen, Vorurteilen und Dogmen zu denken.

Die Akzeptanz ist ein wunderbares Mittel, um deinem Ego seinen Herrscheranspruch mit Liebe und Sanftmut zu begegnen. Bekämpfe dein Ego nicht, führe nicht Krieg mit dir selbst. Bemühe nicht deinen „inneren Richter" mit der Frage, wer Recht hat in einer bestimmten Situation. Sondern übe und trainiere dich in Akzeptanz, im Annehmen von Allem-Was-Ist. Das ist der erste Schritt zurück in deine Schöpferkraft. Es ist der Schritt heraus aus der Frage: „Wer hat Recht und wer ist im Unrecht?" Denn darum geht es gar nicht. Anzunehmen was ist, heißt den jetzigen Standpunkt in deinem Leben klar wahrzunehmen und anzuerkennen – egal wie schwierig dein Leben auch gerade sein mag. Es ist dein Ausgangspunkt, um den ersten Schritt in eine Veränderung zu machen. Je genauer du deinen Ausgangspunkt kennst, umso leichter lässt sich ein Weg für dich zu einem Ziel finden. Anzunehmen was ist, ist also lediglich eine Standortbestimmung für deine innere Navigation. Es bedeutet nicht, alles gut zu heißen, was du als emotional verletzend empfindest – ganz und gar nicht. Denn das Gutheißen, wäre bereits wieder eine Beurteilung der Situation und darum geht es in der Akzeptanz nicht.

Aus dem Klagen heraus und in die Akzeptanz hinein, findest du über die Dankbarkeit. Übe dich in Dankbarkeit. Schreibe täglich auf, für was du dankbar bist in deinem Leben. Das versetzt dich in einen Zustand von Offenheit, von Distanz zu deinem Ego und von positiver, emotionaler Grundhaltung. Ist dein Leben noch so schwer und bist du mitten in einer emotionalen Prüfung für dich, du kannst dennoch immer etwas finden, für das du tiefe Dankbarkeit empfinden kannst. Das öffnet dein Herz! Dein Ego hat in diesem Moment der Dankbarkeit keine Chance und hat alle Macht an dich zurückgegeben.

Wir möchten dich einladen, das Klagen loszulassen, gegen dich selbst, gegen Gott und die Welt. Erkenne, dass du es bist, der aktiv Veränderung herbeiführen kann in deinem Leben. Spiele mit im Spiel des Lebens, solange du hier Mensch bist, anstatt nur am Spielfeldrand zu stehen und die bewegendsten Momente in deinem Leben, lediglich als Zuschauer, an dir vorüberziehen zu lassen.

So sei es.

Liebst du dein Leben?

Wir wissen, dass das für Manchen von euch eine sehr provokante Frage ist. Und das ist es, was wir bezwecken. Eine provokante Frage zu stellen, heißt denjenigen, der nach einer Antwort sucht, aus der Komfortzone zu locken. Es ist sozusagen eine Herausforderung, eine bewusste, klare Antwort auf diese Frage zu finden.

Die Meisten von euch werden auf unsere Frage mit: „Ja, natürlich liebe ich mein Leben – was für eine Frage!" antworten.

Liebst du dein Leben wirklich, ohne „Wenn und Aber"? Oder liebst du es nur, wenn alles glatt läuft und wenn die schönen Momente gerade die Oberhand haben?

Das Leben zu lieben, heißt es zu segnen. Es heißt, mit offenem, ganzem Herzen, sich auf das Leben einzulassen, alles willkommen zu heißen und Ja zu sagen. Es heißt auch, deine Entscheidung, hier Mensch zu sein, zu akzeptieren und die Kostbarkeit deines Lebens allgegenwärtig zu spüren und zu empfinden. Und es heißt, dir selbst in jedem Augenblick, für dieses Leben dankbar zu sein und dich selbst dafür tief und innig zu lieben.

Frage dich, wie oft am Tag kommt diese Liebe zum Leben und die Dankbarkeit darüber, dass du gerade jetzt hier bist, zum Ausdruck? Wie oft am Tag spürst du wirklich und wahrhaftig, dass du dein Leben liebst?
Und wie oft lässt du andere an diesem Gefühl der Liebe teilhaben?

Wir möchten dich einladen, von nun an, jeden Tag als ein Geschenk zu empfinden. Ein Geschenk, das du dir selbst machst, weil du dich so sehr und bedingungslos liebst. Spüre, wie sich deine Stimmung und deine Energie dadurch verändern werden.

Erwache jeden Morgen mit dem tiefen Gefühl der Dankbarkeit. Verabschiede dich von der alten Gewohnheit, deinen Tag unbewusst und in einer Selbstverständlichkeit zu beginnen. Sondern nutze jeden Tag, als weiteren Tag auf deiner Reise, zurück in dein Herz und zurück zu dir selbst.

Schenke dir selbst, dem Leben und deinem Umfeld immer wieder ein Lächeln, als Zeichen und Ausdruck deiner Dankbarkeit und Liebe.

Vergegenwärtige dir deine Vergänglichkeit als Mensch und anerkenne dein ewiges Sein als Seele. Anstatt angesichts dieser Tatsache in die Angst zu gehen, nutze diese Erkenntnis, um eine Veränderung deiner Wertschätzung dir selbst und deinem Leben gegenüber zu erzielen. Dein Leben ist kostbar, ebenso wie das Leben deines Gegenübers kostbar ist. In Anerkenntnis dieser Kostbarkeit, wirst du dein Leben überdenken. Du wirst beginnen, deine Zeit, die du hier als Mensch hast, neu wertzuschätzen. Und du wirst diese Zeit anders einteilen, bewusster erleben und mit den Dingen ausfüllen, die dir wirklich wichtig sind.

Wir möchten dich einladen, jeden Tag mit der Affirmation: „Ich liebe mein Leben" zu beginnen. Erinnere dich im Laufe des Tages immer wieder daran und schließe deinen Tag mit diesem kraftvollen Selbstbekenntnis ab.

Lasse dich ein auf dieses Experiment. Sei offen für das, was sich dir dabei zeigt.

Mag sein, dass dein Leben dir auf wundersame Weise antwortet:
„Ich liebe dich."

So sei es.

Liebevoll *Grenzen setzen*

In Beziehungen friedlich und liebevoll Grenzen zu setzen, fällt vielen von euch Menschen schwer. Es kommt darum häufig zu Konfrontationen und Auseinandersetzungen. Diese sind dann geprägt von negativen Emotionen, wie Wut, Enttäuschung, Aggression oder Traurigkeit. Erlebt ihr dies häufiger und wiederkehrend, macht ihr die Erfahrung, dass Grenzen zu setzen, negativ behaftet und emotional schmerzhaft ist. Die Folge davon ist, dass ihr es entweder vermeidet, Grenzen zu setzen oder dies mit aller Macht, ja fast kriegerisch, tut.

Es gilt für euch zu erkennen, dass Grenzen zu setzen, ein natürlicher Akt ist im Bilden und Führen von Beziehungen. Und damit meinen wir nicht nur die Beziehungen mit anderen, sondern auch zu dir selbst.

Für deine Selbstentfaltung ist es wichtig, dir einen Raum zu erschaffen. Einen Raum, in dem du so sein kannst, wie du wirklich bist. Einen Raum, in dem du voller Vertrauen und Kraft bist und der es dir ermöglicht, im Kontakt mit dir als Seele zu sein. Dieser Raum ist kein materieller Raum, sondern ein Ort in dir, an dem du dich ganz sicher und zuhause fühlst. Aus diesem Ort heraus, kannst du deine Präsenz leben in deinem Alltag. Präsenz damit meinen wir, dein seelisch-geistiges Wesen zum Ausdruck zu bringen im Hier und Jetzt. Der Ausdruck geht dabei weit über das gesprochene Wort hinaus. Hier findet die Beziehung zu dir selbst statt.

Hier erzeugst du, durch deine Gedanken, Emotionen und durch dein Potential, deine Resonanz und Schwingung, die dann nach Außen strahlen und dann magnetische Wirkung auf andere haben.

Diesen Raum gilt es für dich im Alltag zu bewahren. Du kannst ihn dir vereinfacht und anschaulich als einen Kreis vorstellen. Begegnest du jetzt in deinem Alltag einem anderen Wesen und gehst somit eine Beziehung mit ihm ein, treffen eure beiden Kreise aufeinander. Sie berühren sich, wenn du deinem Nachbarn auf der Straße einen freundlichen Gruß zukommen lässt. Sie bilden eine Schnittmenge, wenn du Menschen und Wesen näher und intensiver kennenlernst. Ihr Menschen sprecht davon, jemanden näher an sich heranzulassen. Es bedeutet, ihr gewährt jemandem Eintritt in euren Raum, in euren Kreis. Je intensiver die Beziehung ist, umso größer wird die Schnittmenge eurer beiden Kreise.

Harmonische und liebevolle Beziehungen werden aus unserer Sicht mit den Werkzeugen Nähe und Distanz geführt. Das bedeutet, dass ihr bewusst und achtsam erkennt, dass eure Beziehung nicht nur aus der Schnittmenge eurer beiden Kreise besteht, sondern aus dem gesamten Raum, den jedes Wesen mitbringt. Um eine erfüllte Beziehung zu führen, ist es wichtig, sich sowohl in der Schnittmenge, als auch im eigenen Raum zu bewegen und aufzuhalten. Viele Menschen vergessen ihren eigenen Raum in einer Beziehung. Sie geben ihn sogar auf, weil sie glauben in der gemeinsamen Schnittmenge, alles das zu finden, was sie scheinbar selbst nicht besitzen.

Um ein erfülltes Leben und Dasein zu führen, ist es für euch förderlich, sowohl in der Schnittmenge, als auch im eigenen Raum Erfahrungen zu machen und dabei niemals zu vergessen, dass euer eigener Raum, euer Kreis, entscheidend für die Bildung dieser Schnittmenge ist. Wenn ihr also euren eigenen Raum, euch selbst aufgebt in einer Beziehung, kann keine Schnittmenge mehr existieren. Ihr oder der andere dringt sozusagen voll und ganz in den Raum des jeweiligen anderen ein und nimmt dort Platz. Es kommt dann im Alltag zu dem Erleben von Grenzüberschreitungen. Ihr habt das Gefühl, der andere tritt euch zu nahe und ihr fühlt euch eingeengt und unfrei.

In der lebendigen und aktiven Beziehungsarbeit ist es deshalb wichtig, sich des eigenen Raumes und der eigenen Präsenz, die ihr in die Beziehung mit einbringt, gewahr zu sein. Nähe und Distanz erschaffen ein Feld der Möglichkeiten, im eigenen Raum und in der gemeinsamen Schnittmenge, Erfahrungen zu sammeln und sich selbst zu erkennen. Selbsterkenntnis findet in deinem eigenen Raum, in der Beziehung mit dir selbst statt. Beziehungen mit anderen in deinem Leben sind sozusagen ein Verstärker und eine Beschleunigung dieses Prozesses. Sie helfen dir, dich noch schneller kennenzulernen und dir selbst bewusst zu sein.

Wenn ihr euch dieses Modell der zwei Kreise und der Schnittmenge immer wieder selbst vor Augen führt, kann es euch dabei helfen, liebevoll und friedlich Grenzen zu setzen.

Zu allererst betrachtet euren Standpunkt in der Beziehung.
Wo steht ihr?
Wie groß und wie symmetrisch ist die Schnittmenge? Wie groß ist dein Kreis und der deines Gegenübers?
Ist jetzt Nähe oder Distanz als Werkzeug gefragt, um Harmonie zu erzeugen?
Dringst du oder dein Gegenüber wiederholt in den Raum des anderen ein und wie geht es dir damit? Dient es zur Vergrößerung der Schnittmenge oder ist es das Ergebnis des Verlassens des eigenen Raumes?

Wenn ihr erkennt, dass der Akt des Grenzensetzens dazu dient, eine harmonische Form eurer Beziehungen zu bilden, werdet ihr beginnen, dieses Tun zu lieben. Ihr werdet dann begreifen, dass er dazu dient, euch selbst zu definieren, indem ihr euch selbst befreit und selbst entfaltet. In dieser Befreiung und in der Bewusstheit eurer völligen Präsenz, wird euch dann offenbar, dass es keine Grenzen mehr braucht und ihr den Schritt zurück in die Einheit machen könnt - denn dein Gegenüber ist wie du!
So sei es.

Sorgen und Ängste loslassen

Ihr Menschen wünscht euch ein sorgenfreies Leben in Sicherheit, Beständigkeit und Harmonie. Sorgen und Ängste scheinen euch dabei, einen Strich durch die Rechnung zu machen. Sie verunsichern euch, rauben euch euer Selbstvertrauen und eure Zuversicht in das Leben. Sie scheinen euch gerade von allem dem abzuhalten, was ihr euch wünscht und erhofft im Leben.

Wir möchten deshalb das Thema der Sorgen und Ängste für euch einmal näher beleuchten. Und genau so meinen wir das auch. Wir möchten dir helfen, Licht in das Dunkel zu bringen und damit den Sorgen und Ängsten, alle negative Kraft zu nehmen. Die Wandlung und Transformation durch das Wechseln der Perspektive und durch eine Öffnung, kann dein Leben und Sein auf wundersame Weise tiefgreifend verändern. Also bitten wir dich lediglich, jetzt einmal tief durchzuatmen und dich zu öffnen, dann lies weiter. Mehr gibt es für dich nicht zu tun.

Sorgen sind Befürchtungen, die du in dir trägst, wenn du an die Zukunft denkst. „Was wird wohl werden?" fragst du dich und du spielst mehrere Möglichkeiten in deinem Kopf durch. Sorgen haben ihren Nährboden in alten, negativen Erfahrungen der Vergangenheit, in denen du scheinbar versagt hast, einen Fehler gemacht hast und dich „falsch" entschieden hast, du enttäuscht und verletzt wurdest. Dieser Nährboden wird erst dadurch möglich, dass du in Situationen der Unsicherheit und Nichtentscheidung, dir deiner Schöpferkraft nicht voll und ganz bewusst bist. Du befürchtest, dass du keinen Einfluss darauf haben könntest, was geschieht in deinem Leben. Empfindest du Sorgen, bist du nicht in deiner Macht. Du befindest dich stattdessen in der Vergangenheit und projizierst diese in die Zukunft.

Werden die Sorgen größer und in ihrer Intensität stärker, sprecht ihr Menschen von Ängsten. Angst zu haben, ist ein Zustand absoluter Machtlosigkeit. Angst ist, aus unserer Sicht, keine Emotion, sondern sie ist ein abstraktes Konstrukt eures Verstandes, eures Egos, das sich den schlimmst möglichen Ausgang einer Situation im Kopf vorstellt. Allein die Vorstellung reicht aus, um körperliche Reaktionen in Gang zu setzen. Ihr spürt Anspannung, Stress und euer Nervensystem befindet sich in Alarmbereitschaft.

Um dich von Sorgen und Ängsten zu befreien und sie wirklich loszulassen, bedarf es der Anerkenntnis und dem Wiedererstarken deiner Schöpferkraft. Wir wissen, dass viele von euch die Ansicht vertreten, dass man sich den Ängsten stellen sollte, sich mit ihnen konfrontieren sollte, um sie zu befreien. Wir teilen diese Ansicht nicht, denn Konfrontation führt aus unserer Sicht nicht zu einem nachhaltigen inneren Frieden und Harmonie. Konfrontation ist das Erschaffen eines inneren Kriegsschauplatzes. Diesen, eigens erschaffenen Krieg in euch selbst, könnt ihr nicht gewinnen, denn ihr seid geschwächt und besitzt nicht die richtigen „Waffen" sozusagen. Kampf schenkt euch keinen inneren Frieden und erschafft neue Verletzungen. Die „Waffen", die es braucht, wenn wir dieses menschliche Wort benutzen wollen, sind Werkzeuge. Werkzeuge, mit denen ihr wieder aktiv handeln könnt. Es sind die Werkzeuge Vergebung und eigene Schöpferkraft.

Wir möchten euch deshalb raten, euch zwei wichtigen Aspekten bei der Erlösung von Sorgen und Ängsten zu widmen.

Der erste Aspekt ist, dass es darum geht, alte Erfahrungen und die negativen Emotionen, die damit verbunden und in euch abgespeichert sind, zu erlösen. Hier müsst ihr euch dabei nicht dieser Angst erneut in allem Ausmaß aussetzen, sondern es geht darum, in eine Verarbeitung und Transformation der Emotionen zu gelangen. Fragt euch deshalb, wenn ihr Sorgen oder Ängste in euch spürt: „Welche negative Emotion ist jetzt in mir?" Der erste Gedanke, die erste Idee, die erste Empfindung ist die Richtige. Diese Emotion gilt es jetzt loszulassen. Eure Aufmerksamkeit bei der Erlösung liegt nicht auf der Angst, sondern auf der negativen Emotion. Die Kraft der Vergebung ist hier das Werkzeug. Das ist ein sehr wichtiger Aspekt!

Der zweite Aspekt, den es zu betrachten gilt, ist, dass es für euch wichtig ist, in eure Größe und eure eigene Macht zurückzukehren. Die Anerkenntnis, dass ihr Schöpfer eures Lebens seid und dass ihr alle Manifestationskraft in euch tragt. Je größer ihr werdet, je mehr ihr in euer Wachstum gelangt, umso weniger haben Sorgen und Ängste die Möglichkeit vorhanden zu sein. Wachstum gelingt euch Menschen durch Lernen. Lernen geschieht durch das bewusste Erleben von Erfahrungen. Dieses bewusste Erleben mündet in Erkenntnis, sozusagen in einem Lernerfolg und damit in Wachstum.

Aus unserer Sicht gibt es keine guten oder schlechten Erfahrungen, sondern nur Gelegenheiten des Erfahrens, des Erkennens, Lernens und Wachsens.

Fragt euch deshalb immer wieder:

„Was hat mich diese Erfahrung gelehrt? Was habe ich gelernt? Wie kann ich diese Erkenntnis in meinem Leben, meinem Denken und Tun integrieren?"

Das ist für uns natürliches Wachsen. Und in einem natürlichen Wachsen und Lernen, haben Sorgen und Ängste keinen Nährboden mehr. Stattdessen wachsen in euch dann Erfahrung und Erkenntnis. Hier ist euer Werkzeug das Selbstvertrauen und die Anerkenntnis eurer eigenen Macht und Selbstverantwortung.

Je mehr ihr euch darauf einlassen könnt, umso mehr werdet ihr eure Macht und Kraft spüren und umso mehr wird eure Weisheit erblühen.

So sei es.

Werde zum Beobachter

Du bist mehr, als nur ein menschlicher Körper. In dir wohnt eine Seele, die ewig, großartig, unbegrenzt, voller Liebe und Weisheit ist.

Wenn ihr in dieses menschliche Leben hineingeboren werdet, dann nur, weil eure Seele, also eure ewige, großartige, unbegrenzte, liebevolle und weise Essenz, das so entschieden hat. Ihr seid nicht zufällig hier. Es war und ist eure Entscheidung. Mit dem Eintreten in dieses Leben vergesst ihr zumeist eure Essenz und eure Entscheidung. Das Vergessen führt dazu, dass ihr die Anbindung und die Führung an eure Seele nicht mehr erinnern, spüren und aktiv leben könnt. Ihr fallt sozusagen ganz und gar in das Menschsein und in die Materie.

Das Leben in der Materie ist geprägt von Dualität und Polarität. Jedes Ding hat quasi zwei Seiten. Und mit eurem menschlichen Verstand wägt ihr ab, für welche dieser beiden Seiten ihr euch entscheiden wollt. Diese Entscheidung nimmt euer Verstand vor. Und je mehr Entscheidungen ihr trefft, umso mehr Erfahrungen macht ihr mit diesen Entscheidungen. Ihr nennt das dann Lebenserfahrung. Wir nennen das die Bildung von Mustern und Prägungen, weil dieser Lebenserfahrung kein Lernprozess innewohnt, der zur Weisheit führt. Sondern er hält euch in eurer Begrenzung des Verstandes, der sich damit Stück für Stück eine Welt erschafft, die ihr dann als real anseht. Und dieser Welt schenkt ihr euren Glauben und eure Aufmerksamkeit.

Euer menschliches Leben ist außerdem geprägt von Raum und Zeit. In der Materie seid ihr sozusagen eingebettet in eure Vorstellung der Welt, und in eure menschliche Zeitrechnung. Zeit und Raum geben euch einen Rahmen und Orientierung, sie zeigen euch jedoch auch eure Begrenztheit und Vergänglichkeit auf.

Habt ihr eure Anbindung an eure Seele vergessen, wir sprechen hier bewusst nicht von verlieren – denn seid euch ganz sicher, das kann nicht geschehen! – dann lebt ihr euer Leben ganz in der Materie. Wollt ihr etwas verändern in eurem Leben, bleibt euch nur die Möglichkeit, diese Veränderungen mit der Kraft der Materie zu erreichen. Das ist schwer, kräfteraubend und voller Mühe. Und es funktioniert eben nur begrenzt und im Rahmen eurer menschlichen Möglichkeiten.

Wenn ihr euch öffnet für den Gedanken, dass ihr verbunden seid mit dieser kraftvollen, liebevollen, weisen und ewigen seelischen Essenz, dann tretet ihr einen ersten Schritt heraus aus der Begrenztheit der Materie und hinein in die Freiheit des Seins.

Ihr werdet fragen: „Wie kann ich mich diesem Gedanken öffnen? Wie kann ich sicher sein, dass da wirklich eine Seele in mir ist und ich tatsächlich mit etwas Größerem und Weiserem verbunden bin?"

Die Antwort ist denkbar einfach. Kannst du dich jetzt, während du unsere Worte liest, dabei selbst beobachten? Kannst du dich selbst beobachten, wenn du in einer Situation bist, in der du emotional bist? Kannst du einen deiner eigenen Gedanken reflektieren? Wenn du eine dieser Fragen mit Ja beantwortet hast: Was glaubst du, wer ist dieser Beobachter? Wer lässt dich darüber reflektieren und nachdenken? Und von wem glaubst du, stammen die Einfälle und Impulse, die du Intuition nennst?

Indem du selbst zum Beobachter wirst, erhebst du dich aus der Begrenzung deines Verstandes und der Materie. So einfach ist das.

Als einen ersten Schritt, um die Anbindung und auch Führung deiner Seele wieder spüren und wahrnehmen zu können, braucht es nicht mehr als das! Beobachte deine Gedanken, deine Gefühle und Emotionen und deinen Alltag. Nicht im Sinne einer Analyse deines Verstandes! Nimm diese Beobachtung offen und wertfrei vor, ganz so, als ob du alle Informationen erst einmal sammeln und ungefiltert aufnehmen möchtest. Werde zum Betrachter und Beobachter deines Alltags und erkenne, wie du lebst, was du fühlst, in welchen Beziehungen du bist und wie du sie führst, mit was du deine Zeit verbringst, welche Vorlieben und Abneigungen du hast, was deine Talente und Hobbies sind, welchen Beruf du ausübst und so weiter. Die Aufzählung ließe sich beliebig fortführen.

Wir raten dir dazu, dich zu beobachten und dich dadurch besser kennenzulernen, sozusagen mehr über dich und dein Leben zu erfahren und dabei gleichzeitig in Kontakt mit deiner Seele zu sein. Mehr gibt es nicht zu tun! Kein Analysieren, kein vorschnelles Bewerten oder Verändern – beobachte und betrachte nur.

Wir werden dir in der kommenden Botschaft berichten, was der nächste Schritt ist, den du wählen kannst, um wieder in den Kontakt mit deiner Seele zu kommen und was es heißt, sich in Hingabe und Vertrauen auf die Führung deiner Seele einzulassen.

So sei es.

In Kontakt sein mit deiner Seele

In Gesprächen mit EMESTHOS wird sehr oft die Frage gestellt: „Wie kann es mir gelingen, in Kontakt mit meiner Seele zu sein?" Diese Botschaft von EMESTHOS handelt davon. Bitte lies jetzt, wenn du es nicht schon getan hast, die Botschaft Nr.11 - Werde zum Beobachter.

Wie ihr möglicherweise schon wisst, seid ihr ständig in Kontakt mit eurer Seele – bewusst oder unbewusst. Grundsätzlich gilt zu sagen, dass dieser Kontakt immer besteht und dass ihr ihn niemals verlieren könnt. Das sollte euch Trost, Hoffnung und Zuversicht zugleich geben. Ihr vergesst lediglich oftmals, dass es diesen Kontakt gibt. Wir haben bereits darüber berichtet.

Der erste Schritt, um sich wieder daran zu erinnern ist, das Leben aus einer anderen Perspektive, aus der Sicht eines Betrachters, wahrzunehmen. Das war eure kleine Übung, die wir euch zuletzt ans Herz gelegt haben.

Der zweite Schritt ist, sich immer wieder – das heißt in stetiger Wiederholung, dauerhaft und regelmäßig – bewusst zu werden, dass ihr mehr seid, als nur Materie. Dieses Training eurer Aufmerksamkeit ist kein wirklich neuer Aspekt auf dem Weg zur Erkenntnis. Wohin du auch blickst, kannst du Zeichen des Erwachens in deinem Alltag erkennen. Wir beobachten, dass gerade in dieser Zeit Praktiken der Achtsamkeit, der Entschleunigung, der Bewusstwerdung mehr und mehr publik werden. Und dennoch praktizieren dieses regelmäßige Training nur sehr wenige von euch wirklich mit Disziplin.

Nun, Disziplin hört sich sehr streng für euch Menschen an. Es scheint, dass damit eine gewisse Härte, eine Entbehrung, eine Form von Drill und eine Entsagung verbunden ist. Wir nennen deshalb diese Form der Disziplin Hingabe. Hingabe ist das Loslassen, ein Sich-Einlassen, ein mit Wertschätzung und Leidenschaft verbundenes Tun.

Um dieses Training wirklich regelmäßig mit Hingabe zu tun, gilt es eine Entscheidung zu treffen und eine Motivation zu entwickeln, die größer ist, als eure alten Gewohnheiten, die euch davon abhalten, dies aktiv zu tun. Es bedarf des Loslassens alter Gewohnheiten und damit der Hingabe, etwas Neues in eurem Leben zu tun.

Wie entsteht Motivation?

Motivation, also der innere Impuls aktiv zu werden und sich in Bewegung zu setzen, entsteht aus einer Intention und einer erhöhten Emotion. Intention damit meinen wir, dass ihr einen guten, gewichtigen Grund habt, jetzt aktiv zu werden. Emotion, damit meinen wir ein sehr starkes Gefühl in euch, dass seinen Ausdruck sucht. Meist entsteht eure Motivation aus einer Krise heraus. Erst, wenn euer Leben vermeintlich aus der Bahn gerät und ihr vor fast unlösbaren Problemen steht, setzt ihr euch in Bewegung, erst dann seid ihr bereit, euch zu entscheiden und etwas zu verändern. Wenn es euch gelingt, in dieser Krise wieder mit Hingabe in den Kontakt zu eurer Seele zu gelangen, wird sich euer Leben neu ordnen und die Lösung eurer Probleme kommt aus einer völlig unerwarteten Richtung auf euch zu.

Um Achtsamkeit zu üben und zu leben in eurem Alltag, raten wir euch, regelmäßig am Tag, für einige Minuten still zu werden, die Eindrücke und Reize eurer Außenwelt auszublenden, um so wieder in den Kontakt mit eurer Innenwelt zu kommen.

Sucht euch dazu zunächst einen ruhigen, vertrauten und geschützten Ort, an dem ihr euch zurückziehen könnt. Schließt die Augen und übt euch darin, zu entspannen. Je mehr es euch gelingt, euren Alltagsstress zu reduzieren, umso leichter gelangt ihr in tiefere Ebenen eurer Wahrnehmung. Es genügen zwei bis dreimal fünf Minuten am Tag für diese Übung. Es kommt auf die Regelmäßigkeit und die Hingabe an. Bist du es dir Wert, dir diese zehn bis fünfzehn Minuten von vierundzwanzig Stunden am Tag zu nehmen?

Wir wissen, dass diese Frage viele von euch herausfordern wird. Und dennoch prüfe für dich, ob du wirklich eine solch kleine Übungseinheit für dich regelmäßig tun kannst. Wir sagen dir, es lohnt sich! Denn je mehr und je öfter du diese Achtsamkeitsübung und Entspannung praktizierst, umso mehr wird es geschehen, dass du sie dann in deinem Alltag, wie von selbst mit geöffneten Augen einfließen lässt. Du kannst dann durch deine Achtsamkeit, bewusst in einen kurzen Entspannungszustand gehen, deine Wahrnehmung vertiefen, spüren was du gerade empfindest und so bewusst deinen Alltag in Kontakt mit deiner Seele erleben. Und das an jedem Ort und zu jeder Zeit. So wird aus dem Werkzeug zur Krisenbewältigung und Entspannung, mehr und mehr eine einfache, reproduzierbare Technik, die dir es ermöglicht, bewusst, willentlich und absichtsvoll über dein Menschsein im Alltag hinauszutreten und in Kontakt mit deiner seelischen Essenz zu sein.

Und dann geschieht es, dass deine Motivation nicht länger eine Krise, ein Problem oder eine Krankheit sein muss. Sondern es entsteht eine Art Sehnsucht, diesen Kontakt aus der Freude und dem Wunsch nach Erfüllung und Vollkommenheit heraus zu vertiefen. Je bewusster der Kontakt zu deiner Seele ist, umso mehr wirst du dich öffnen können für ihre Impulse und ihre Führung. Es gilt dann, Vertrauen in diese innere Führung deiner Seele zu entwickeln.

Wir werden dir in der nächsten Botschaft berichten, wie es dir gelingen kann, Zweifel loszulassen, um dich so mehr und mehr voller Vertrauen auf die Führung deiner Seele einzulassen.
So sei es.

Zweifelst du an dir selbst?

Oft werden wir gefragt, wie ihr Menschen eure Zweifel loslassen könnt. Ihr sprecht davon, dass Zweifel an eurem Selbstvertrauen nagen und euren Glauben an euch selbst zerstören.

Wir sagen euch, dass Zweifel lediglich Wahlmöglichkeiten auf eurem Lebensweg darstellen. Zweifel nagen nur dann an eurem Selbstvertrauen, wenn diese Wahlmöglichkeiten mit negativen Emotionen verknüpft werden. Zweifel werden nur dann zu einer Belastung und führen zu einem Stillstand in eurem Fortschritt, wenn ihr euren Fokus nicht auf das Geschenk der Wahl, sondern darauf legt, eure getroffenen Entscheidungen im Kern in Frage zu stellen oder gar über Bord zu werfen.

Wenn ihr davon ausgeht, dass ihr gute Gründe habt, euer Leben zu verändern, zum Beispiel, weil ihr krank seid, ihr euch gerade in einer Krise befindet oder aber die Dinge einfach nicht so sind, wie ihr sie euch wünscht, dann ist der erste Schritt, darüber nachzudenken, welche Wahlmöglichkeiten ihr habt. Diese Wahl ist zunächst denkbar einfach. Sie lautet entweder im Alten zu verbleiben oder sich dem Unbekannten und Neuen zuzuwenden.

Wenn ihr dann euch entscheidet, euch dem Neuen und Unbekannten zuzuwenden, dann trifft diese Wahl auf euren Glauben und eure Emotionen, mit der ihr euer bisheriges Leben erschaffen habt. Eure Entscheidung des Wandels trifft jetzt sozusagen auf euer bisheriges Leben, was ihr erlebt habt, was ihr fühlt, was ihr glaubt über euch und die Welt.

Dennoch geht ihr mit diesem festen Willen, jetzt etwas zu verändern in euren Alltag. In eurem Alltag werdet ihr jeden Tag mit vielen kleinen und größeren Entscheidungen konfrontiert. Die meisten eurer Alltagsentscheidungen trefft ihr unbewusst, aufgrund eurer Prägungen und Muster. Das beginnt bereits am Morgen, damit wie ihr aufsteht, den Tag beginnt, wie ihr euch kleidet, ob und was ihr frühstückt und so weiter. Diese Alltagsgewohnheiten bedürfen keiner bewussten Entscheidung. Sie sind sozusagen Routine und geschehen automatisch. Zu 95 Prozent verbringt ihr den Tag sozusagen im Autopilot-Modus.

Und jetzt wird es spannend für euch und jetzt kommen eure Entscheidungen und die Zweifel wieder ins Spiel. Ihr wünscht euch Veränderungen in eurem Leben, ihr werdet euch darüber bewusst und trefft eine Entscheidung. Jetzt trifft diese bewusste Entscheidung auf eure Automatismen und Gewohnheiten im Alltag. Und genau das ist der Moment des Zweifelns für euch. Wenn ihr euch in solchen Momenten eurer Entscheidung ganz bewusst seid, so erkennt ihr in diesen Zweifeln die Wahlmöglichkeiten – weiter im Alten und in den Gewohnheiten zu bleiben oder aber in die Veränderung, in das Neue und in das Unbekannte zu gehen. Dann könnt ihr eure Entscheidung nochmals bekräftigen, die Veränderung bejahen und bewusst, aktiv eine Wahl treffen.

Wenn ihr aber diese Wahlmöglichkeit dazu benutzt, eure grundsätzliche Entscheidung in Frage zu stellen, so entsteht Unsicherheit und mangelndes Vertrauen. Dann erlebt ihr Zweifel als negativ und als zerstörerisch für euer Selbstvertrauen. Ihr wägt dann diese Wahlmöglichkeit anhand eures alten Glaubens und Denkens und eurer alten Emotionen aus der Vergangenheit ab.

Euch sollte bewusst und klar sein, dass wirkliche Veränderungen in eurem Leben mit dem Wandel eures Denkens und Glaubens, mit dem Loslassen alter Gewohnheiten und Emotionen und mit dem Willkommenheißen von Neuem einhergehen. Eure Sehnsucht nach

Veränderung und die daraufhin getroffene bewusste Entscheidung, können niemals zu euren alten Einstellungen, Gewohnheiten und Emotionen passen!

Jedes bewusste Betrachten eines Zweifels und das bewusste Bejahen eurer Entscheidung, lässt euer Vertrauen in euch wachsen. Je mehr ihr euch eurer Entscheidung gewahr seid, ihr euch in eurem Alltag daran erinnert, umso mehr könnt ihr eure Zweifel würdigen und ehren. Sie sind dann nicht mehr länger ein Widerstand, sondern ein Abbild und ein Zeichen, dass ihr euch wahrhaftig auf dem Weg der Transformation und des Wandels befindet.

So nehmt eure Freiheit der Wahl an und geht so Stück für Stück auf eurem Lebensweg voran.

So sei es.

Urteile und Bewertungen wahrnehmen
und loslassen

Übe dich eine Woche darin, deine Urteile und Bewertungen über dich selbst bewusst wahrzunehmen und sie loszulassen. Beginne bei dir selbst und beobachte dich in deinem Alltag, was du über dich denkst, was du dabei fühlst und wie sich dies auf deine Stimmung und den Verlauf deines Lebens auswirkt.

Wie oft am Tag verurteilst du dich selbst?
Wie oft weist dich dein innerer Richter zurecht?
Wie oft am Tag glaubst du, nicht gut genug zu sein, nicht liebenswert zu sein, nicht attraktiv genug zu sein?
Wie oft glaubst du, einen Fehler gemacht zu haben?
Wie oft denkst du Gedanken des Mangels?
Wie oft am Tag beurteilst und verurteilst du andere?
Wie oft weist du die Verantwortung für dein Leben von dir und gibst quasi anderen die Schuld?

Es gilt sich dieser Gedanken bewusst zu werden und dabei wahrzunehmen, wie sie sich in deinem Körper und in deinem Leben auswirken. Beobachte dich während des Tages und mache dir deine unterbewussten Glaubensmuster bewusst.

Indem du mehr und mehr Wissen darüber erlangst, welche unbewussten Programme in deinem Unterbewusstsein automatisch ablaufen, umso mehr kannst du dein Leben bewusst steuern und verändern. Es geht dabei nicht darum, deine Gedanken krampfhaft zu kontrollieren, sondern sich ihrer gewahr zu werden.

Wenn du in Kenntnis deiner Glaubensmuster bist, ist es dann wichtig, eine bewusste Entscheidung zu treffen. Wir raten dir, in dieser Woche, dich dazu zu entscheiden, Muster der Selbstverurteilung und der Verurteilung anderer loszulassen. Immer dann, wenn wieder ein solcher Gedanke im Alltag in deinem Kopf auftaucht, erinnerst du dich an deine Entscheidung. Erkenne dabei, wie sehr Urteil und Wertung die Frequenz deiner Lebensenergie absenken und dich aus deiner Harmonie in eine Disbalance bringen.

Nutze die Kraft der Entscheidung, dich von deinen alten Überzeugungen und Mustern zu lösen.

Frage dich:
„Was möchte ich stattdessen über mich und andere denken? Und wohin führen mich diese anderen, neuen Gedanken in meinem Leben? Schenkt mir dieses neue Denken inneren Frieden, Freude, Wertschätzung und Liebe? Können diese neuen Gedanken positive Emotionen in mir erzeugen? Ist es möglich, dass sich durch dieses Umdenken eine nachhaltige Veränderung in meinem Leben einstellen kann?"

Sei dir bewusst, dass deine bisherigen Gedanken und Emotionen, deine gegenwärtige Realität erschaffen haben. Um Schöpfer einer neuen Realität zu werden, ist es wichtig, dir deiner Denk- und Verhaltensmuster bewusst zu werden. Denn sie sind es, die dich in der jetzigen Realität halten. Du kannst sie Schritt für Schritt loslassen und so etwas Neues in deinem Leben erschaffen.

Wir möchten dich einladen, dich darin zu üben und zu trainieren, dich selbst zu beobachten, um so aus diesem Gewahrsein heraus, wahre Veränderung zu erzielen.

Veränderung beginnt also in dir selbst. Es ist eine innere Arbeit. Je mehr du versuchst, deine Außenwelt zu verändern, ohne dabei diese innere Arbeit zu tun, umso mehr wirst du auf Widerstände stoßen und umso mehr Kraft wird dich dies kosten.

Wir möchten dich einladen, dieses Training der Selbstbeobachtung als ein Werkzeug zu benutzen, um wieder in deine Selbstliebe und Eigenliebe zurückzukehren. Am Anfang wird dies sehr ungewohnt für dich sein, doch schon bald wird in dir eine Sehnsucht spürbar sein, die dich motiviert, weiter zu trainieren. Es ist die Sehnsucht nach Liebe und nach der Rückkehr in deine eigene, natürliche Wahrheit und Essenz deines Selbst.

Je mehr Selbstliebe und Eigenliebe du empfinden kannst, umso mehr kannst du in deinem Leben anderen Liebe entgegenbringen. Du wirst offener durch dein Leben gehen können, denn es besteht keine Notwendigkeit mehr einer inneren Abwehrhaltung. Du wirst freundlicher und liebevoller sein. Du wirst dich erfüllt, frei und verbunden mit Allem-Was-Ist fühlen.

Klingt das nicht großartig? Es ist die Großartigkeit, die dir selbst innewohnt und der du dich ab jetzt wieder zuwenden kannst.

So sei es.

Verantwortung übernehmen

Ihr Menschen fragt uns häufig, wie es euch gelingen kann, euch ein Leben nach euren Wünschen zu manifestieren.

Um sich ein Leben nach deinen Wünschen und Vorstellungen zu erschaffen, solltest du dir deiner Schöpferkraft und deiner Selbstverantwortung bewusst sein.

Für das eigene Leben Verantwortung zu übernehmen heißt, in einen Zustand der Selbstbemächtigung zu gelangen. Solange du glaubst, dass du weder die Macht, noch die Kraft, noch die Möglichkeiten hast, dein Leben zu verändern, übernimmst du nicht die Verantwortung.

Mit Verantwortung meinen wir, bewusst und achtsam durch dein Leben zu gehen und aktiv Entscheidungen für dich und deinen Weg zu treffen. Deine Entscheidungen gilt es dann in deinem Leben umzusetzen. Verantwortung kannst du in deinem Denken, als auch in deinem Handeln übernehmen. Verantwortung bedeutet auch, dass du dich als Zentrum und Mittelpunkt deines Lebens siehst. Aus diesem Zentrum heraus denkst du, lebst du und agierst du.

Wenn du in deinem Leben anderen die Schuld für etwas gibst, gibst du ihnen auch deine Macht. Wenn du mit äußeren Umständen haderst, dich beklagst und jammerst, gibst du deine Macht an diese Umstände ab. Du entziehst dir sozusagen selbst die Macht, die Kraft und die Energie. Verantwortung heißt, aktiv am Leben teilzunehmen, anstatt nur am Rand zu stehen und zuzuschauen, wie das Leben an dir vorbeizieht.

Je mehr du deine Verantwortung bejahst, umso mehr wird deine Kraft zu dir zurückkehren, obwohl es vermeintlich erst einmal leichter scheint, sich zu entlasten und jemandem anderen die Schuld für die Nichterfüllung deiner Wünsche zu geben. Scheint es auch am Anfang schwierig, ist es der Weg, der dich dir selbst wieder ganz nah bringt. Die Anerkenntnis, dass du alles in deinem Leben verändern kannst, lässt dich aus der passiven Opferrolle heraustreten.

Um aktiv Verantwortung zu übernehmen, solltest du dir deiner getroffenen Entscheidungen im Alltag gewahr sein. Du solltest deine Prioritäten im Leben geklärt haben. So kannst du dein Verhalten darauf ausrichten und dir neue, passende Gewohnheiten aneignen, um sie so in die Tat umsetzen zu können.

Versuche nicht dein Leben im Außen nach deinen Wünschen zu gestalten, sondern erkenne, dass der erste Schritt der Veränderung zu dir selbst, in dein Inneres, führt. Der erste Schritt ist, sich auf sich selbst zu konzentrieren und deine Aspekte der Schöpferkraft und der Selbstverantwortung bedingungslos anzuerkennen. Die Anerkenntnis bildet sozusagen das Fundament der Veränderungen und der Neugestaltung in deinem Leben.

Nimm dir für das Thema Verantwortung eine Woche Zeit und frage dich am Ende eines jeden Tages:

Wie aktiv habe ich heute meinen Tag gestaltet?

Kann ich in diesem vergangenen Tag meine Werte, Prioritäten und Entscheidungen abgebildet sehen und erkennen?

War ich mir meiner Entscheidungen stets gewahr und habe ich mein Verhalten darauf ausgerichtet?

Was habe ich von dem umgesetzt, was ich entschieden habe?

Habe ich heute meinen Tag gestaltet und damit meine Schöpferkraft genutzt?

So sei es.

Wo ist die Liebe in deinem Leben?

Die Liebe ist der essentielle Zustand deiner Seele und kann gleichzeitig gelebter Ausdruck deiner menschlichen Gefühle und Emotionen sein.

Liebe ist ein Zustand, der dich stets umgibt und der in dir ist, auch wenn du ihn in deinem Alltag nicht immer spüren kannst.

Liebe ist immer und überall im Überfluss vorhanden. Daraus ergibt sich grundsätzlich ein Wohlwollen deiner Seele und eine positive Kraft für dein Leben. Das heißt, wenn du dich in Kontakt mit deiner Seele befindest, kannst du selbst für dich Botschaften erhalten, die dir dabei helfen, diese Liebe wieder zu spüren und erleben zu können.

Wenn du uns also fragst: „Wie kann ich erkennen, ob ich in Kontakt mit meiner Seele bin? Wie kann ich wissen, ob der Impuls, den ich habe, wirklich von meiner Intuition und damit von meiner Seele stammt?", können wir dir antworten: Schenkt dir dieser Kontakt Liebe und Freude, bist du in Kontakt mit deiner Seele. Hilft der empfangene Impuls dir dabei, dich an deinen ursprünglichen Zustand der Liebe zu erinnern und Liebe zu spüren, bist du in Kontakt mit deiner Intuition.

Aus diesem tiefen Verständnis heraus, dass du in Liebe und Wohlwollen in Kontakt mit deiner Seele bist, kann sich für dich ein Gefühl des Urvertrauens einstellen. Dieses Urvertrauen ist ein Fundament, auf das du dein Leben aufbauen kannst. Dieses starke

Fundament hilft dir dabei, in dein Selbst hier im Menschsein zu vertrauen. Ihr Menschen nennt dies dann Selbstvertrauen. Vielen Menschen ermangelt es an Selbstvertrauen, weil sie sich nicht mehr dieses Fundaments des Urvertrauens, basierend auf dem Zustand der Liebe, gewahr sind. Vielmehr konzentrieren sie sich auf negative und destruktive Glaubensmuster und die damit verbundenen Emotionen und verlieren damit ein Stück weit die aktive Verbindung zur Liebe.

Sei dir gewiss, dass deine Seele, die geistigen Wesen, so wie wir eines sind und die göttliche Quelle, stets in Liebe und Wohlwollen mit dir kommunizieren. Solltest du je Botschaften erhalten, die Verbote, Drohungen, Maßregelungen oder restriktive Vorschriften enthalten, kannst du sicher sein, dass sie Teil der negativen und destruktiven Welt deiner eigenen Illusion sind. Sie basieren nicht auf dem Fundament der Liebe. Stattdessen erzeugen sie Angst und Furcht, sowie Abhängigkeit und Unfreiheit. Wir möchten dich einladen, aktiv nach der Liebe in deinem Leben Ausschau zu halten, um wieder in diese positive Kraft, in dieses Urvertrauen zu gelangen.

Egal, in welchen Lebensumständen du dich gerade befindest, bitten wir dich, Ausschau zu halten nach der Liebe. Mögen deine Voraussetzungen und äußeren Umstände für diese kleine Übung noch so groß und schwer erscheinen, sei dir gewiss, es kann dir gelingen. Erinnere dich, Liebe ist ein Zustand in dir. Sie ist immer und überall im Überfluss vorhanden!

Beginne jeden Tag, mit dem Wunsch und der Entscheidung, heute nach der Liebe in deinem Leben Ausschau zu halten. Lasse es dabei völlig offen, wann und wo und durch was oder wen sie sich zeigt. Halte dein Herz offen, damit du sie spüren kannst. Du wirst erstaunt sein, auf welche Art und Weise sie sich zeigen wird in deinem Leben.

Hast du Ausschau gehalten nach der Liebe und die ersten kleinen Erfolge erzielt, wirst du ein inneres Erwachen in dir spüren. Du wirst dich nach mehr sehnen, intensiver und noch fokussierter Ausschau halten. Das Ausschauhalten ist keine aktive Suche, sondern es ist eine neue Offenheit, um die wir dich bitten. Du kannst nichts finden, was du schon besitzt. Und die Liebe ist in dir. Es geht also für dich darum, dich wieder in den gelebten Kontakt mit der Liebe zu begeben. Mit jeder Situation der Liebe in deinem Alltag, kannst du diesen Kontakt intensivieren.

Gehe jeden Tag in deinen Alltag und halte Ausschau nach der Liebe. Sie begegnet dir möglicherweise in dem Lächeln eines Fremden auf der Straße, in dem Erblühen einer Blume, in der Begegnung mit einem Tier. Mache dich frei von Erwartungen, wo dir die Liebe begegnen könnte und schließe nichts und niemanden aus. Insbesondere nicht die Menschen, Orte und Situationen, die du bislang als negativ wahrgenommen hast in deinem Leben. Es ist so, als ob du ihnen mit dieser kleinen Übung der Liebe eine neue Chance geben würdest. Wir nennen das Bedingungslosigkeit.

Je mehr du die Liebe in deinem Alltag entdeckst, je mehr wird sie wieder präsent sein in dir selbst und in deinem Leben. Das heißt jedoch nicht im Umkehrschluss, dass dein Empfinden von Liebe abhängig ist von äußeren Umständen. Das Erleben von Liebe in deinem Leben ist der Ausdruck deiner eigenen Liebe. Dein Alltag ist sozusagen Abbild und Bestätigung deiner Innenwelt.

Nach Liebe in deinem Leben Ausschau zu halten, ist also nichts anderes, als sich deiner Liebe im Inneren gewahr zu sein und eine Bestätigung dafür im Außen zu erhalten.

So sei es.

Was macht Sinn in deinem Leben?

Fragst du dich, was der Sinn deines Lebens ist? Warum du hier bist? Und wie du erkennen kannst, ob du etwas Sinnvolles in deinem Leben denkst und tust?

In deinem Leben strömen in deinem Alltag sehr viele Informationen ein. Um nicht einer Reizüberflutung und Überinformation zu erliegen, musst du bewusst oder unbewusst entscheiden, was wichtig und sinnvoll für dich ist und was nicht. Es geht also darum zu entscheiden, welche Informationen dir letztlich dabei helfen können, dir deiner selbst bewusst zu werden.

Politiker, religiöse Führer und Philosophen haben für die Menschheit Gedankenmodelle, Gesellschaftsmodelle und Regeln entwickelt, in denen Menschen in einer Ordnung ihren Platz finden und einnehmen sollen. Und dieser Platz scheint dann der Sinn des Daseins des Menschen zu sein.

Wenn du nach dem Sinn in deinem Leben strebst, solltest du dich von diesen Regeln und Normen, wie du zu sein hast und wo dein Platz im Leben ist, frei machen. Die aktuellen Modelle auf der Erde, die von Menschenhand geschaffen wurden, unterliegen einer gewissen Begrenztheit des Denkens und des Handelns. Sie beruhen auf einem gewissen Machtanspruch Einzelner und auf der Unbewusstheit des Restes der Menschheit.

Sobald du als Individuum aus dieser Unbewusstheit erwachst, brechen diese Modelle auseinander, wie ein Gefäß, das hinabfällt und zersplittert.

Deine eigene, individuelle Frage nach dem Sinn, lässt dich erwachen aus der illusionären Begrenzung dieser Modelle. Das eigene Erfahren, wer und was du wirklich bist, ist der Weg, auf dem sich dir deine Sinnhaftigkeit offenbaren wird. Das bewusste Erkennen, dass in deinem menschlichen Körper eine unbegrenzte Seele wohnt, die sich in der Materie erfahren möchte, ist dein Schritt in das Erwachen und die Befreiung aus den Modellen der Gesellschaft und der Religionen.

Alles, was dich im Menschsein wieder in Kontakt mit dieser seelischen Erfahrung bringt, ist sinnvoll. Denn es verbindet dich wieder mit dir selbst im Inneren.

Den Sinn und Zweck deines Daseins hier als Mensch, findest du nicht im Außen, nicht in einer Tätigkeit, nicht in Beziehungen, nicht über die Materie, die du besitzt.

Der Sinn deines Daseins ist, als Seele eine menschliche Erfahrung zu machen, die Unbegrenztheit deiner Liebe und deiner Schöpferkraft hier in deinem Alltag zum Ausdruck zu bringen und zu leben. So ist das, was du tust, deine Tätigkeiten, deine Beziehungen und alles, was du besitzt in der Materie, letztlich Ausdruck dieser wunderbaren, unerschöpflichen Liebe und Schöpferkraft. Wenn du also erkennst, dass alles, was dir in deinem Leben begegnet und was dich umgibt, Ausdruck dessen ist, wie bewusst du bereits in Kontakt mit deiner Seele bist, dann kannst du spüren und wahrnehmen, dass alles in deinem Leben Sinn macht! Alles in deinem Leben hat seinen Sinn für dich.

Spüre, wie wahrhaftig sinnerfüllt dein Leben sein kann, wenn du es aus deiner seelischen Essenz heraus führst. Wie erfüllt kann dein Dasein als Mensch sein, wenn du dich in deinem Alltag selbst wiedererkennen kannst und du jedem Tag deinen Ausdruck von Liebe und Schöpferkraft schenkst.

Je bewusster du dir deiner grenzenlose Liebe, deiner Schöpfer-kraft und deiner Unendlichkeit bist, umso mehr wird dein Leben hier, für diese kurze Zeit, auf Erden Sinn machen. Dein Leben wird dann ein Puzzleteil sein auf dem Weg hin zurück in die Voll-kommenheit und in die göttliche Quelle. Die Quelle, aus der du gekommen bist, die du niemals verloren hast und an die du dich nun mehr und mehr erinnern möchtest. Alle Erfahrungen, die du auf diesem Weg dorthin machst, sind sinnvoll und tragen zu dei-ner Rückreise bei.

So sei es.

Was ist schön?

Was ist Schönheit und wann bezeichnet ihr Menschen etwas als schön? Scheinbar liegt die Antwort im Auge des Betrachters. Ob etwas als schön empfunden wird oder nicht, richtet sich häufig nach eurem kollektiven Glauben. Das heißt, je nach Zeitepoche, je nach Kultur, Religion oder Gesellschaftsform, habt ihr als Individuum gelehrt bekommen, was schön ist und was nicht. Ob etwas schön ist oder nicht, wird durch den Abgleich mit einem inneren Bild, einem sogenannten Schönheitsideal, das in eurem Inneren besteht, entschieden. Es ist ein Prozess des Abwägens und des Bewertens und am Ende dieses Prozesses steht ein Urteil: Schön oder nicht schön! Aus dieser vermeintlichen Tatsache, entsteht für euch als Mensch ein Wettlauf mit der Schönheit. Ihr gebt diesem Wettlauf dann Begriffe wie zum Beispiel Mode, Lifestyle, Ästhetik. Wer ist der schönste Mensch? Wie kannst du schön sein? Was geschieht mit dir, wenn du es nicht bist?

Die Folgen dieses Prozesses der Bewertung und des Wettlaufs mit der Schönheit sind, die Entstehung eines inneren Drucks, schön sein zu müssen und eine damit verbundene Abkehr von deiner Selbstliebe durch Selbstbeurteilung und Selbstverurteilung, sowie ein Erleben von Beurteilung und Verurteilung im Außen durch andere und die emotionale, gesellschaftliche, religiöse Ausgrenzung. Wenn du glaubst, dass du nicht schön bist, dann gehst du mit dir selbst ins Gericht und du anerkennst damit nicht mehr deine Vollkommenheit und deine Göttlichkeit. Wenn andere glauben, dass du nicht schön bist, dann gehen sie bewusst in eine Trennung. Und sie verneinen damit das göttliche Prinzip der Einheit, nachdem alles Sein und Leben aus ein und derselben Quelle entstanden ist. Alles somit miteinander verbunden ist. Ihr fragt euch jetzt sicher, wie die geistige Welt den Begriff Schönheit definiert. Wir sagen euch, dass aus unserer Sicht, Schönheit ein Ausdruck von Liebe ist!

Was ist für euch Menschen das Gegenteil von Schönheit? Ihr werdet antworten Hässlichkeit. Hässlichkeit trägt die Energie und die Emotion des Hasses in sich. Ist das nicht sehr aufschlussreich für euch?

Je mehr ihr Menschen wieder euch eurer Liebe zu euch selbst bewusst werdet, umso mehr Schönheit strahlt ihr aus. Schönheit könnt ihr nicht nur mit dem menschlichen Auge sehen. Übt euch wieder jeden Tag darin, Schönheit zu empfinden und zu fühlen. Schön seid ihr, wenn ihr liebenswert, liebenswürdig und liebevoll seid. Liebenswert, nicht im Sinne einer Bewertung, sondern in einer unendlichen, grenzenlosen Wertschätzung, euch selbst gegenüber. Liebenswürdig, nicht im Sinne einer Bewertung, sondern in einer unendlichen, grenzenlosen Güte, euch selbst gegenüber. Liebevoll, nicht im Sinne einer Bewertung, sondern in einer unendlichen, grenzenlosen Fülle an Liebe, euch selbst gegenüber.

So möchten wir dich einladen, für dich zu klären, welche Glaubensmuster du über Schönheit in dir trägst. Ergreife jetzt die Chance und kläre für dich, wie schön du wirklich bist. Vergegenwärtige dir dabei immer wieder, dass Schönheit ein Ausdruck von Liebe ist! Je mehr es dir möglich ist Liebe auszudrücken, umso schöner bist du.

Ordne dein Leben aufgrund dieser neuen Erkenntnis über Schönheit neu. Lasse jetzt alte Denkmuster der Selbstverurteilung los und begib dich in einen neuen Zustand der Liebe. Wenn du jetzt etwas als schön bezeichnest, dann aufgrund der Wahrnehmung, wie viel Liebe du empfinden kannst, gegenüber einem Wesen, einer Person, Situation oder einem Gegenstand.

Setze deine neu gewonnene Erkenntnis über den Zusammenhang zwischen Schönheit und Liebe in deinem Alltag um. Du kannst dein Leben mit dieser Erkenntnis tiefgreifend verändern.

Verankere in deinem Bewusstsein:

Schönheit ist Ausdruck von Liebe.

So sei es.

Sei in deiner Lebenskraft

Fühlst du dich häufig müde, erschöpft und kraftlos? Fragst du dich immer wieder, was du tun kannst, um wieder in deine volle Lebenskraft zurückzukehren?

Wir beobachten, dass immer mehr Menschen unter Erschöpfung, Müdigkeit, Depression und, wie ihr es nennt, Ausgebranntsein (Burn-Out) leiden. Auf der Suche nach den Ursachen und nach Behandlungsmöglichkeiten wird sich in den meisten Fällen darauf konzentriert, Antworten im Außen zu finden. Außen, damit meinen wir euren Alltag, eure Umgebung, eure Beziehungen, eure Lebensumstände, eure Vergangenheit und so weiter.

Ihr Menschen lasst euch auf diese Suche ein, denn ihr glaubt daran, dass die Erkenntnis über die Ursache, auch der Schlüssel für die Beseitigung des Problems ist. Die Ursachenforschung führt euch in die entlegensten Winkel eures Körpers, tief in die Erinnerung eurer vergangenen Erlebnisse oder in die Abgründe eurer Psyche. Irgendwo, so scheint es, muss es doch einen Grund geben, für die fehlende Lebenskraft.

Es gibt eine Ursache, das ist wahr. Doch wir sagen euch auch, dass es kein äußerer Umstand, keine andere Person, nicht deine Lebensumstände oder deine Vergangenheit ist. Möglicherweise steht die Ursache mit allem dem in Zusammenhang.

Die Suche nach Antworten, um in deine Kraft zurückzukehren, findest du in dir selbst. Suchst du nach Ursache und Wirkung im Außen, ist es so, als ob du dich mit der Frage beschäftigen würdest: Wer war zuerst da? Die Henne oder das Ei?

Der Schlüssel für die Rückkehr in deine Kraft liegt in deiner Veränderung deines Denkens, deines Glaubens, deiner Gewohnheiten und deiner Entscheidungen. Nutze dazu deine Möglichkeit der Selbstreflektion, die dir als Mensch gegeben ist. Du hast die Fähigkeit, dich selbst beim Denken zu beobachten, dir deiner selbst gewahr zu werden über Automatismen und Gewohnheiten, sowie Entscheidungen zu hinterfragen.

Richte deine Aufmerksamkeit nicht auf den Mangel an Lebenskraft, sondern darauf, was du aktiv verändern kannst, um wieder in diese Kraft zurückzukehren. Grundsätzlich ist es so, dass jedem Menschen eine unendliche Fülle an Kraft zur Verfügung steht und das immer, überall und zu jeder Zeit. Doch durch mangelnde Selbstliebe, durch Entscheidungen, die ihr gegen und nicht für euch trefft, durch negative Glaubensmuster und Gewohnheiten, schmälert ihr diesen Zugang zu dieser unbändigen Kraft mehr und mehr.

Suche nicht die Ursache, um für deinen Verstand einen „guten Grund“ zu haben, warum du gerade nicht in deiner Kraft bist. Viel zu leicht und schnell findet dein Ego hier die Möglichkeit festzuhalten und sich darin „wohlzufühlen“. Deine Ursachensuche sollte auf Herzensebene stattfinden. Und diese Antworten und Gründe des Herzens sind es, die dich wieder in deine eigene Wahrhaftigkeit, in die Liebe zu dir selbst und damit auch in deine eigene Kraft zurückführen werden.

Gib deine Sehnsucht auf, anderen gefallen zu wollen oder zu müssen. Gib die Anstrengung auf, anderen mehr zu geben, als dir selbst. Lass von dem Glauben los, dass andere besser, schöner, liebenswerter, reicher, spiritueller oder erfolgreicher sind als du selbst.

In deine eigene, unendliche Kraft zurückzukehren, heißt, dich dir wieder selbst zuzuwenden, dir selbst wieder ganz nah zu sein, in deine eigene Natur zurückzukehren, aus deiner eigenen Ich-Definition eine Ich-Kraft zu entwickeln, dich selbst so zu lieben, wie du wirklich bist.

Finde Gründe, dich zu verändern. Finde Gründe, um dich wieder frei und leicht zu fühlen. Finde Gründe, um voller Liebe und Freude durch dein Leben zu gehen.

Der Veränderungsprozess, den es braucht, um wieder in deiner Kraft zu sein, ist ein Prozess des Loslassens und neu Empfangens.

Lege deine linke Hand auf dein Herz und frage dich: „Welches Denken, welcher Glauben, welche Gewohnheit und welche Entscheidungen in meinem Leben schenken mir Kraft, schenken mir meine Freiheit und lassen mich die Liebe zu mir selbst wieder spüren?" Dein Herz wird dir ganz direkt, unverblümt und dennoch mit großer Liebe Antworten schenken. Es wird dir aufzeigen, was du verändern solltest. Und in diesem Veränderungsprozess kommt es auf ganz natürliche Art und Weise zur Erkenntnisgewinnung darüber, was dir bislang die Kraft, die Freiheit und die Liebe geraubt und genommen hat. Es gilt, diese Antworten deines Herzens für dich in Liebe und in einer neuen bewussten Klarheit umzusetzen.

Für Manchen von euch scheint diese neue Klarheit mit einer gewissen Kompromisslosigkeit verbunden zu sein, denn letztlich geht es in euren Entscheidungen fortan darum, euch für oder gegen euch zu entscheiden. Nicht mehr und nicht weniger. Das ist die Essenz der Entscheidung!

Bist du länger bereit, auf Kosten deiner Lebenskraft, Kompromisse zu schließen? Dein Ego wird dir versuchen zu vermitteln, dass du das nicht machen kannst, dass du dies „auf Kosten der anderen" machst, dass du nun egoistisch geworden bist und dass das nicht zu einem spirituellen Weg in Liebe passt.

Wir sagen dir:

In deiner vollen Kraft besitzt du die Fähigkeit, aus der Fülle heraus unendlich viel zu geben.

In deiner Liebe zu sein, schenkt dir die Möglichkeit bedingungslos und grenzenlos zu lieben.

In deiner Freude zu sein, bedeutet Freude mit anderen teilen zu können.

Wenn du dein Licht aus deinem Zentrum heraus erstrahlen lässt, erhellt das deine Welt. Sieh dich also als Zentrum und als Ausgangspunkt deiner Reise im Leben, von dem alles ausgeht. Das ist kein Egoismus, sondern es ist die Offenbarung deiner wahren Natur und deine Segnung an das Geschenk des Lebens.

So sei es.

Liebe bedingungslos

„Was ist bedingungslose Liebe? Wie kann es mir gelingen, bedingungslose Liebe wahrhaftig zu leben?" Das sind Fragen, die uns immer wieder gestellt werden.

Bedingungslose Liebe ist eine Liebe ohne „wenn und aber", ohne „entweder oder" und ohne Beurteilung und Verurteilung. Bedingungslose Liebe ist einfach. Sie ist zugleich Zustand, als auch Gefühl und gelebte Emotion. Sie ist frei von deinen Prägungen, Überzeugungen und Glaubensmustern, was es heißt, Liebe zu empfinden, zu empfangen und zu geben.

Bedingungslose Liebe entspringt nicht aus der Unvollkommenheit deines Menschseins, sondern aus der Vollkommenheit deiner Essenz – deines reinen Ist-Zustandes als Seele. Somit wirst du jetzt verstehen, warum du dir als Mensch so schwer tust, bedingungslos zu lieben und du dich immer wieder in deinen Fallstricken deines Egos, deiner menschlichen Definition des Ich-Bin verfängst und zu Boden gehst. So oft hast du versucht, bedingungslos zu lieben und so oft bist du schon gescheitert.

Das Scheitern gilt es nicht zu werten, sondern als das Anzuerkennen, was es ist. Es ist der Versuch, aus der Begrenzung und der Unvollkommenheit als Mensch heraus, bedingungslos zu lieben. Es ist auch nicht zu werten, dass du unvollkommen und begrenzt bist hier im Leben als Mensch. Ganz im Gegenteil, es ist die Erfahrung, auf die du dich bewusst eingelassen hast und der du dich jetzt bewusst hingeben kannst. Erlebe dieses Menschsein in der Anbindung und aus dem Gewahrsein deiner Vollkommenheit als

Seele heraus. Das ist das Spiel! Das ist die wahrhaftige Erfahrung und Erkenntnis, die du suchst und finden kannst.

Bedingungslose Liebe zu leben, heißt für dich, von der Ebene des vollkommenen, grenzenlosen Ich-Bin deiner Seele zu lieben. Am Einfachsten gelingt dir das, wenn du mit dir beginnst. Übe dich jeden Tag darin, dich ganz bewusst und völlig unbegrenzt, selbst bedingungslos zu lieben.

Werde dazu, mehrmals am Tag, für einige kurze Momente ganz still und wende dir ganz bewusst deine volle Aufmerksamkeit zu. Atme ganz bewusst ein und aus, und höre dir selbst beim Atmen zu. Du bist am Leben! Nimm das jetzt wahr. Gehe dann mit deiner Aufmerksamkeit einen Schritt weiter und spüre, wer diese Lebendigkeit in dir jetzt wahrnimmt. Befreie dich dabei von umständlichen Techniken, Strategien und Werkzeugen. Du brauchst sie in diesem Moment der Kontaktaufnahme mit dir selbst nicht. Atme einfach und werde dir deiner selbst gewahr. Du kannst dir mit dieser einfachen Technik selbst begegnen. Hier in diesem tiefen Kontakt mit deiner wahren Natur, deinem göttlichen Ich-Bin, gibt es keine Selbstverurteilung, gibt es keine Bedingungen für die Liebe. Hier ist die Liebe allgegenwärtig. Du wirst dies spüren können und diese Liebe wird dich mit all ihrer Macht und Kraft zu Tränen rühren, in Ekstase versetzen, dir ein Gefühl von vollkommenem Glück und Eins-Sein schenken.

Sobald du einmal diese Erfahrung gemacht hast, wirst du dich auf deinen Weg begeben. Dieser Weg ist, diese Erfahrung immer und immer wieder in deinem Leben als Mensch zu machen, deine Begrenzung und Unvollkommenheit damit zu durchfluten und zu durchströmen, solange bis du dauerhaft in diesem Zustand sein kannst.

Die Erfahrung der bedingungslosen Liebe, die du zunächst mit dir selbst machst, kannst du dann mit anderen teilen. Es gelingt dir, in der Anerkenntnis von welcher Ebene deines Ich-Bins dies geschieht und aus dem Wissen heraus, dass in deinem Gegenüber ebenfalls dieses unbegrenzte, vollkommene Ich-Bin wohnt. Du kannst dich so über die Illusion der Trennung hinwegsetzen und du wirst eins werden können, mit Allem-Was-Ist. Alles-Was-Ist bedeutet hier: Mit jedem Wesen – mit oder ohne Körper – mit jedem Tier, jeder Pflanze, jedem Gegenstand. Du wirst keine Trennung mehr empfinden. Alles entspringt aus dieser unbegrenzten Quelle der Liebe.

Sobald du die Illusion der Trennung für dich aufgedeckt hast und sie durch die bedingungslose Liebe zu dir selbst überwunden hast, wird dein Wissen zur Weisheit. Dann kann es dir als Mensch gelingen, bedingungslos zu lieben. „Liebe deinen Nächsten, wie dich selbst", sprach einst ein Meister, den ihr noch heute unter dem Namen Christus verehrt. Diese Weisheit, die ihr Menschen ein „christliches Gebot" nennt, ist die einfache Formel, um bedingungslos zu lieben. Diese Formel ist kein Gebot, sondern es ist der Weg in die bedingungslose Liebe. Es ist die Aufhebung der Trennung!

Mache dir also bewusst, dass die bedingungslose Liebe immer von dir selbst ausgeht. Liebe dich selbst bedingungslos und dehne diese Liebe aus. Dehne sie aus dir heraus in dein Leben, in deinen Alltag, in deine Beziehungen und in alles das, was du denkst und tust.

Mache dir ebenso bewusst, dass ein Denken in „Ich liebe dich, wenn …", eine Liebeserklärung auf der Ebene deines Menschseins ist. Und mache dir außerdem bewusst, dass der Schlüssel, um bedingungslos lieben zu können, das bewusste Eintauchen in dein wahres Ich-Bin ist. Je bewusster du dir bist, in welchem Seins-Zustand du dich befindest, umso klarer wird es für dich, ob es dir überhaupt möglich ist, bedingungslos zu lieben.

Wenn du also haderst und leidest in deinen Beziehungen und Partnerschaften, weil die Liebe nicht so fließt und vorhanden ist, wie du es dir wünschst, dann mache dir bewusst, dass es jetzt Zeit ist für dich, in dein grenzenloses, göttliches Ich-Bin einzutauchen. Wechsle ganz bewusst die Ebene, indem du dir zunächst deines Menschseins gewahr wirst, dich dann bewusst für deine Selbstliebe öffnest und damit alle Prägungen und Glaubensmuster hinter dir lässt, um so dann in deiner wahren Natur, deinem reinen, vollkommenen und puren Ich-Bin zu sein.

Du erkennst, dass dein Seinszustand ausschlaggebend dafür ist, ob es dir möglich ist, bedingungslos zu lieben.

Deshalb sagen wir, Liebe „ist". Sie ist ein Seinszustand.

Du brauchst nichts zu tun, um Liebe zu empfinden. Sie ist einfach! So sei es.

Befreie dich von alten unliebsamen Gewohnheiten

Auf der Suche nach Freiheit und dauerhafter Veränderung in deinem Leben, wirst du unweigerlich mit deinen Gewohnheiten in deinem Leben und in deinem täglichen Alltag konfrontiert. Auf der einen Seite strebst du nach einem selbstbewussten Leben, was bedeutet, dass du ganz bewusst und achtsam entscheidest, was du tun möchtest und welche Schritte du gehen möchtest. Auf der anderen Seite ermöglichen dir Gewohnheiten und Automatismen, auf diesem Weg schneller voranzukommen, was heißt, eben nicht mehr über alles im Detail bewusst nachdenken zu müssen.

Gewohnheiten, Denk- und Verhaltensmuster bilden diese Automatismen. Sie wirken wie eine Art Filter, die dich vor einer Vielzahl von Impulsen, die zur Reizüberflutung führen könnten, bewahren. Du entwickelst sie entweder durch Prägung, die du aus deinem Beziehungsumfeld erfährst oder durch deine eigenen Erfahrungen.

Kollektive Denk- und Verhaltensmuster entstehen häufig durch das Imitieren von anderen und durch Sozialisierung. Das heißt, die Gesellschaft, die Familie, dein Umfeld hat bestimmte Regeln, Normen und ethische Werte, in denen du dich bewegst. Du lernst hier von anderen, was „normal" ist und somit den Regeln entspricht. Daraus ergeben sich Gewohnheiten, wie du ein normales Leben führen kannst. Das schenkt dir Sicherheit und Halt.

Individuelle Denk- und Verhaltensmuster entstehen durch deine eigenen Erfahrungen, also durch deine eigenen Lernergebnisse. Lernergebnisse, damit meinen wir, dass du die Fähigkeit hast, aus jeder Erfahrung, die du machst, eine Schlussfolgerung, ein Resümee zu ziehen. Diese Schlussfolgerung ist sozusagen die Essenz, die Zusammenfassung und die eigentliche Erkenntnis. Und jetzt wird es wirklich interessant für dich: Diese Erkenntnisse hast du immer und überall, du bist dir ihrer lediglich sehr häufig nicht bewusst! Festzuhalten gilt also, dass es eine vollkommen natürliche Sache für dich ist, Erkenntnisse zu erzielen. Das brauchst du nicht zu üben oder zu lernen. Was es zu üben und zu trainieren gilt, ist deine Achtsamkeit und Bewusstheit hinsichtlich dieses Prozesses der Erkenntnisgewinnung.

Aus diesen Denk- und Verhaltensmustern leitest du ab, wie du zu sein hast als Mensch, als Frau oder Mann, als Vater oder Mutter, also in allen deinen Rollen, die du spielst in deinem Leben. Um es dir leichter zu machen, entwickelst du Gewohnheiten. Gewohnheiten sind wiederkehrende Handlungen, die wie ein Ritual regelmäßig durchgeführt werden.

Du kennst sicher viele Gewohnheiten in deinem Alltag. Betrachte zum Beispiel deine Essgewohnheiten: Was isst du? Wann isst du? Wieviel isst du? Warum isst du?

Betrachte dein Morgenritual: Wie und wann stehst du auf? Was machst du üblicherweise nach dem Aufstehen? Beginnt dein Tag immer auf die gleiche Art und Weise?

Wie planst du und verbringst du deinen Tag? Welche Gewohnheiten gibt es hier, die du mehr und mehr jetzt erkennen kannst?

Um dein Leben nachhaltig und dauerhaft zu verändern, gilt es sich deiner Denk- und Verhaltensmuster und deiner Gewohnheiten bewusst zu werden. Sie sind sozusagen die Stellschrauben, an denen du ansetzen kannst. Bewusstheit und Achtsamkeit sind die Werkzeuge, um an den Stellschrauben zu drehen und um eine Neujustierung deiner Richtung im Leben vornehmen zu können.

Überprüfe also regelmäßig und hinterfrage sooft du kannst deine Gewohnheiten. Passen sie noch zu deinem jetzigen Bewusstseins- und Erkenntnisstand?

Je mehr du dich wieder an deine seelische, vollkommene Essenz erinnerst, umso mehr wirst du spüren, dass diese „erlernte Normalität" nicht deine wahre Natur ist. Um deine wahre Natur zu leben, ist es deshalb wichtig, aktiv deine Gewohnheiten zu verändern. Dieses aktive Verändern scheint für dich so unendlich schwer zu sein, denn du verlässt damit dein „gewohntes Feld" und gehst ins Unbekannte. Du verlässt das Normale und möglicherweise lässt dich dieses Anders-sein erst einmal Gefühle der Abtrennung, des Nicht-mehr-dazugehörens empfinden. Menschen in deinem Umfeld werden dir bestätigen, dass du jetzt wohl verrückt geworden bist und fordern dich vehement auf, wieder normal zu werden.

Deshalb ist es für dich sehr wichtig, mit dem Weg zurück in deine wahre Natur, kraftvolle und positive Gefühle und Emotionen zu verknüpfen. Stelle dir die Frage: „Was erwartet mich, wenn ich diese oder jene alte Gewohnheit verändere? Schenkt mir diese Erfahrung der Veränderung am Ende Freiheit, Liebe, Dankbarkeit, Fülle oder Glück?"

In diesem Veränderungsprozess des Neuerschaffens von Ritualen und Gewohnheiten, ist es gerade immer wieder das Ausrichten auf diese kraftvollen, positiven Emotionen, die es dir ermöglichen durchzuhalten und den tatsächlichen Wandel zu vollziehen. Diese Emotionen sind deine Motivation, dein Beweggrund!

Welche Motivation hast du zum Beispiel um:
Deine Essgewohnheiten zu verändern und ab- oder zuzunehmen?
Regelmäßig deinen Körper zu trainieren?
Deine Schlafgewohnheiten zu verändern?
Deine sozialen Gewohnheiten innerhalb von Beziehungen zu verändern?
Deine Arbeit, die du tust, im Umfang und Ausmaß, sowie Intensität zu verändern?

Dein Alltag schenkt dir zahlreiche Möglichkeiten, um Veränderungen zu bewirken. Wichtig in diesem Prozess der Veränderung ist der Prozess des Lernens, also des bewussten Erkenntnisgewinnens, der Prozess des Entscheidens, jetzt eine neue Gewohnheit zu erschaffen, sowie der Prozess der Umsetzung durch Motivation und regelmäßiges Tun.

Bedenke, dass es dein Ziel ist, deine wahre Natur hier als Mensch zu leben. Je mehr du sie entdeckst, umso mehr bist du gefordert, deine alten Gewohnheiten über Bord zu werfen und sie durch neue, kraftvolle Gewohnheiten, die deinem jetzigen Bewusstsein entsprechen, zu ersetzen. Dein Leben und dein Alltag wird immer dann sehr schwer, wenn du es versäumst, deinem Neuen Bewusstsein in deinem Leben Ausdruck zu verleihen. Damit ist auch gemeint, durch neue Gewohnheiten in einen Automatismus dieses Neuen Bewusstseins zu kommen. Du brauchst dich dann nicht stets zu fragen, was deinem Neuen Bewusstsein in einer individuellen Situation entspricht. Die Antwort und die Reaktion können dann automatisch erfolgen. Dann wird dein Leben leicht, denn du kannst es im Einklang mit deinen Erkenntnissen und deiner Bewusstheit führen.

Beginne jetzt noch heute, deine alten Gewohnheiten zu hinterfragen und erzeuge damit den Prozess des Umwandelns, Umgestaltens und der Veränderung, den ihr Menschen Transformation nennt.

So sei es.

Genieße dein Leben

Erlaubst du es dir, dein Leben mit allen Sinnen und in vollen Zügen zu genießen? Oder glaubst du, dass das gar nicht möglich ist in deinem Alltag, mit allen seinen Verpflichtungen, Aufgaben und Herausforderungen?

Aus unserer Sicht bedeutet Genuss, ein Tun mit Freude zu verbinden und sich dieser Freude bedingungslos hinzugeben. Genuss und menschliche Lebensfreude sind eng miteinander verbunden. Je mehr Lebensfreude du in dir spürst, umso mehr kannst du genießen und je mehr du genießen kannst, umso mehr kannst du dich deines Lebens erfreuen. Das scheint ein, in sich geschlossener, Kreislauf zu sein und du fragst dich jetzt sicher: „Wie kann es mir gelingen, in diesen Kreislauf aus Genuss und Lebensfreude einzutreten? Warum bin ich jetzt nicht in diesem Kreislauf, sondern scheinbar außerhalb, abgetrennt von der Freude und der Freiheit, wirklich genießen zu können?"

Die Rückkehr ist ganz einfach. Möglicherweise sagt dir dein Kopf: „Das ist zu einfach, das kann nicht sein." Der einfache Schritt ist, dass du dich entscheidest, ob du über den Genuss oder über die Lebensfreude in den Kreislauf einsteigen möchtest. Nochmal zum Verständnis für dich: Lebensfreude ist ein Zustand und Genuss ist sozusagen Lebensfreude in Aktion (im Tun und im Handeln). Die Lebensfreude ist ein natürlicher Zustand in dir. Du brauchst nichts dafür zu tun. Sie ist immer da. Und weil sie so natürlich ist und weil sie immer da ist, kannst du sie auch nicht verlieren. Das ist die gute Nachricht!

Möglicherweise wirst du uns jetzt entgegnen wollen, dass du aufgrund mehrerer negativer oder sogar traumatischer Erfahrungen, deine Lebensfreude verloren hast. Du hast scheinbar keinen Grund mehr, dich zu freuen. Deine Umstände, in denen du lebst, die Arbeit, der du nachgehst, deine Beziehungen, in denen du dich befindest, sind alles andere als erfreulich.

Wir möchten dir darauf antworten, dass du niemals deine Lebensfreude als natürlichen Zustand verlieren kannst. Was jedoch geschehen kann, aufgrund von negativer Erfahrungen ist, dass du den Zugang zu deiner Lebensfreude nicht mehr hast, so, als ob du die Türe zu ihr abgeschlossen hättest und der Schlüssel für diese Tür wäre unauffindbar. Du weißt, es gibt diese Tür, also den Zugang und du weißt, was hinter dieser Türe vorhanden ist, also die Lebensfreude, aber du hast den Schlüssel dazu nicht und so glaubst du irgendwann, dass es keine Freude mehr für dich in deinem Leben geben kann.

Der Schlüssel, um diese Tür wieder aufzuschließen, kann ein intensiv gespürter Genussmoment sein. So kannst du über das Genießen wieder Zugang zu deiner Lebensfreude erhalten. Beginne mit kleinen Schritten, um dich nicht zu überfordern, wenn du dich weit von dem Gefühl des Genusses und der Lebensfreude entfernt hast. Entscheide dich dafür, von nun an jeden Tag, für einen kleinen Moment etwas, dass dir wahrhaft von Herzen wichtig ist, zu genießen und dich ganz und gar darauf einzulassen. Sei es ein gutes Essen, das dich und deinen Körper nährt, Zeit mit deinem Partner, einem guten Freund oder der Familie, die dich und dein Herz nährt, Zeit für die Stille und Entspannung, die dich und deinen Geist nährt, deinem Körper Ruhe und Erholung schenkt.

Beginne mit kleinen Momenten und erkenne, wie diese kleinen Freuden des Alltags zu Samen werden, die du einpflanzt. Samen, aus denen neue, größere Genussmomente hervorgehen können und dir wieder den Zugang zu deiner Lebensfreude verschaffen.

Hinterfrage bei der Auswahl deiner Genüsse weise, ob sie dir wirklich wahrhaftig Freude schenken oder ob sie dich in eine Abhängigkeit führen. Die Freude, die du spürst, während du genießt, ist eng verknüpft mit Gefühlen der Freiheit und des inneren Friedens. Ihr Menschen nennt dies häufig einen Moment, in dem ihr einfach sein könnt. Die Zeit scheint still zu stehen. Du bist im Jetzt und die Freude, verbunden mit der Freiheit und dem inneren Frieden, lässt dich einen tiefen Zustand von Leichtigkeit spüren.

Ein übermäßiger Genuss, zum Beispiel von Nahrung, Alkohol, Tabak, zeigt dir auf der einen Seite deine starke Sehnsucht, wieder in diesem Gefühl der Leichtigkeit zu sein und auf der anderen Seite erschafft er eine Abhängigkeit zu einem bestimmten Tun oder einem bestimmten Stoff, von dem geglaubt wird, dass dies der Schlüssel zur dauerhaften Freude sein könnte. Erinnere dich nochmals jetzt: Die Lebensfreude ist immer in dir vorhanden, du brauchst nichts im Außen, um sie zu erzeugen. Der Genussmoment kann ein Türöffner sein, er ist jedoch niemals der Grund deiner Freude! Das heißt, du darfst und kannst dich grundlos freuen!

Frage dich: Ist das Gefühl des Genießens an eine ganz bestimmte Handlung gebunden? Ist das Gefühl des Genießens nur möglich, wenn du eine bestimmte Sache hast oder einen bestimmten Stoff konsumierst? Gibt es eine Erinnerung an eine vergangene Situation, in der du das erste Mal diese Verbindung von Konsum und Genuss erfahren hast?

Es gilt, sich aus dieser Abhängigkeit zu befreien. Dies geschieht durch eine Veränderung in deinem Glaubenssystem, als auch durch eine Veränderung in deinem aktiven Tun, also deinen Gewohnheiten.

Werde kreativ, wie du das Leben mit allen deinen Sinnen genießen kannst und zwar unabhängig von äußeren Umständen, Personen oder Dingen in deinem Leben. Erinnere dich jeden Tag daran, dass Lebensfreude dein natürlicher Zustand ist. Das Leben zu genießen bedeutet, dieser Freude Ausdruck zu verleihen.

So sei es.

Sei emotional

Deine Seele hat sich, vor Eintritt in dieses Leben, bewusst und klar und mit freiem Willen für das Menschsein auf diesem Planeten entschieden. Das Leben als Mensch auf diesem Planeten Erde bedeutet, Platz zu nehmen in der Materie und in einem physischen Körper zu sein. Dein physischer Körper ist dabei der materialisierte Anteil deiner Seele, also eine Form von sehr grobstofflicher und niedrigschwingender Energie. Dir ist es gelungen, durch dein Eintreten in das Menschsein, bewusst zu manifestieren und zu materialisieren.

Ein wichtiger Aspekt des Menschseins ist das Vergessen dieser Seelenentscheidung und gleichzeitig die Möglichkeit des Wiedererinnerns und Wiedererwachens. Um dieses Erwachen und Erinnern wieder zu ermöglichen in der Materie, hast du, so wie alle Wesen mit Körper oder Gestalt - so meinen wir auch die Tiere und Pflanzen - die Ebene der Gefühle und Emotionen.

Gefühle und Emotionen zu spüren heißt, sich lebendig zu fühlen in der Materie. Während wir aus der geistigen Welt in einem dauerhaften Zustand von Liebe, Freude, Bewusstheit und ausgedehnter Energie im Sinne von Einheit sind, ist es die Erfahrungsebene eines Menschen, eines Tieres und einer Pflanze, diese eben genannten Zustände in Aktion zu erfahren. Das bedeutet für dich als Mensch, dass du auf der einen Seite mit deinem seelischen Anteil, ebenso wie wir, diesen Zustand von Liebe, Freude, Ausdehnung und immerwährender Energie in dir wahrnehmen kannst. Es bedeutet für dich jedoch auch als Mensch, dass du Gefühle von Liebe, Freude und Zugehörigkeit in einem Lebensfluss spüren kannst, körperlich und emotional. Das heißt Gefühle und Emotionen machen diese Zustände für dich lebendig und erfahrbar. Sie haben direkten Einfluss auf die Schwingung und die Zusammensetzung und damit auf die Gesundheit deines Körpers. Gefühle und Emotionen sind in der Lage in deinem Körper eine Aktivierung von Stoffen, wie Botenstoffe, wie Hormone, wie Enzyme und eine genetische Aktion zu initiieren, zu beeinflussen und zu steuern.

Gefühle und Emotionen sind also auf der einen Seite ein Teil deines menschlichen Daseins und das macht, aus unserer Sicht, diese Erfahrung als Mensch so einzigartig. Auf der anderen Seite sind Gefühle und Emotionen die Brücke zu dir selbst, um dir selbst deines seelischen Anteils, deines grenzenlosen Bewusstseins und deiner Unendlichkeit gewahr zu sein. Sie können dir damit ein gutes Werkzeug sein, um für dich in der Kommunikation mit deinem Körper zu sein. Dadurch kannst du erkennen, inwieweit du im Einklang mit deinem wahren Selbst dein Leben lebst.

Wir wissen, dass ihr Menschen Gefühle und Emotionen in negativ und positiv aufteilt und sie dadurch unterscheidet. Die Ursache liegt darin begründet, dass ihr Menschen euch in der Materie in der Polarität befindet und euch diese Unterscheidung wohl offensichtlich Orientierung und eine gewisse Stabilität gibt.

Aus unserer Sicht sind Gefühle und Emotionen nicht zu bewerten, sondern vielmehr sind sie Hinweise und Werkzeuge für dich, um entweder deinem Kurs treu zu bleiben oder aber, ihn zu korrigieren. Es ist wichtig für dich, wenn du dich in dieser Unterscheidung in positiv oder negativ aufhältst, dass du nicht versuchst, positive Gefühle und Emotionen für immer festhalten zu wollen und negative Gefühle und Emotionen möglichst schnell loszulassen, weil du dich für sie verurteilst, du dich belastet fühlst, dich unwohl fühlst. Stattdessen gilt es sich in Akzeptanz zu üben. Akzeptanz bedeutet willkommen heißen von Allem-Was-Ist.

Und so möchten wir dich einladen, auch alle deine Gefühle und Emotionen willkommen zu heißen und dich nicht aufgrund von Urteil und Wertung selbst zu begrenzen, was die verschiedenen Aspekte und Facetten der Gefühls- und Emotionalebene anbetrifft. Nochmals erinnere dich daran: Du hast dich für dieses Menschsein bewusst entschieden und damit auch für ein Leben als emotionales Wesen in einem Körper.

Sei achtsam und erlaube es dir, deine Gefühle und Emotionen wahrzunehmen, sie zu spüren und zu empfinden, um sie dann mit deinen menschlichen Möglichkeiten auszudrücken. Verschließe dich ganz bewusst nicht vor einem Teil deiner Gefühle und Emotionen, sondern lasse geschehen, dass sie sich alle zeigen dürfen. In der Gewissheit, dass alle diese Gefühle und Emotionen des Menschseins dazu dienen, dir deiner selbst ganz gewahr zu werden. Und du weißt, dass dein Selbst ein Zustand grenzenloser Liebe, Freude, Bewusstheit und Ausdehnung von Energie ist.

So ist dies eine Einladung, nicht länger Gefühle und Emotionen zurückzuhalten. Du brauchst dich, insbesondere vor den Gefühlen und Emotionen, die du in die Kategorie der negativen Gefühle und Emotionen einordnest, nicht zu sorgen oder zu fürchten. Denn sie alle unterstützen dich dabei, in diesen Zustand der Grenzenlosigkeit und des absoluten Gewahrseins deines Selbst zurückzukehren.

So mache dir bewusst und beobachte dich selbst in deinem Alltag, inwieweit du Zugang zu deinen Gefühlen und Emotionen hast, du sie spüren kannst, ausdrücken kannst und wirklich als Werkzeug auf dem Weg zu dir selbst einsetzt. Führe ein kleines Emotional-Tagebuch. Nimm dir dafür eine Woche Zeit. Lege für jeden Tag der Woche drei Uhrzeiten am Tag fest und diese kannst du ganz frei und beliebig wählen. Zu diesem Zeitpunkt halte kurz inne und frage dich: „Welches Gefühl und welche Emotion spüre ich gerade in mir?" Und notiere dies.

Am Ende der Woche fasse deine täglichen Aufzeichnungen zusammen in einem Resümee und betrachte, was das zentrale Gefühl und die zentrale Emotion in dieser Woche war. Frage dich dann: „Entspricht dieses, in meinem Tagebuch abgebildete Ergebnis, wahrhaftig meinem Bewusstseins- und Erkenntniszustand?" Wenn nicht, so ist dies ein Hinweis darauf, dass du dich auf der Gefühls- und Emotionalebene in der Vergangenheit befindest. Und es ist ein weiterer Hinweis dafür, dass es jetzt Zeit wird, dieses alte Gefühl und diese alte Emotion jetzt loszulassen, um in der Gegenwart präsent, frei und bewusst sein zu können. Wenn das Ergebnis der Woche wahrhaftig mit deinem Bewusstsein übereinstimmt und in Harmonie schwingt, frage dich: „Was ist der nächste Schritt, der mich weiter zu mir selbst führt?" Da du sehr verbunden bist mit deinen Gefühlen und Emotionen, kannst du sehr genau spüren, welchen Weg du gehen möchtest.

Je mehr du als Mensch bereit bist, deinen Gefühlen und Emotionen Ausdruck zu verleihen, umso weniger verhaften sie in deinem Unterbewusstsein und in deinem Körper. Und umso weniger bist du in der Vergangenheit. Und umso präsenter und lebendiger bist du.

Es gilt nun für dich, mehr und mehr deine Hemmungen hinsichtlich des Empfindens und des lebendigen Ausdrückens von Gefühlen und Emotionen loszulassen.
So sei es.

Lasse deinen Perfektionismus los

Die Sehnsucht ein perfektes Leben zu haben, dass sozusagen alles gut läuft in deinem Leben, ist ein stetiger innerer Antrieb, der dafür sorgt, dass du immer wieder versuchst, fehlerfrei zu sein. Die Sehnsucht nach Perfektionismus wird von eurem Glauben genährt, der in eurem Unterbewusstsein tief verankert ist, dass ihr nicht gut genug seid und dass ihr keine Fehler machen dürft. Die Konsequenz, wenn es zu einem Fehler kommt, so glaubt ihr, ist eine Abstrafung durch Liebesentzug, Mangel an Zuneigung und Aufmerksamkeit.

Die Sehnsucht nach Perfektion ist bei vielen Menschen, so beobachten wir das, so groß geworden, dass selbst eine beginnende Erschöpfung und das Versiegen eines gesunden, harmonischen Lebensflusses sie nicht davon abhält, weiter nach diesem absoluten, fehlerfreien Maximum zu streben. Und so wird diese Sehnsucht zur emotionalen Sucht und Abhängigkeit, die genährt wird, von einem Mangel an eigener Wertschätzung und von der Angst zu versagen und von der großen Furcht, Fehler zu machen.
Wege aus diesem selbst erschaffenen Kreislauf der Sucht ergeben sich, indem ihr betrachtet, welches vermeintliche emotionale Geschenk dieser Perfektionismus euch bietet. Ihr glaubt, dass wenn alles perfekt läuft, ihr es gut gemacht habt, ihr Anerkennung, Würdigung, Aufmerksamkeit und Liebe verdient und erntet. Diese Bestätigungen, die ihr im Außen sucht, fallen jedoch in eurem Inneren nicht auf fruchtbaren Boden. Damit meinen

wir, dass diese Bestätigungen im Außen, wenn ihr es gut gemacht habt, nicht dazu führen, dass euer Selbstvertrauen, eure eigene Wertschätzung und Selbstliebe genährt wird, gefestigt wird und somit tief in euch verankert ist. Ganz im Gegenteil, sobald ihr es gut gemacht habt, Bestätigungen geerntet habt, fällt diese Energie sehr schnell ab und es wird so, bei nächster Gelegenheit, ein noch höheres Maß an Perfektion angestrebt, um diesen Hunger nach Selbstwert, Selbstvertrauen und Selbstliebe zu stillen.

Das heißt, die Wege aus dieser Sucht beginnen und nehmen ihren Ursprung in dir selbst. Frage dich deshalb: „Was bedeutet es für mich, einen Fehler zu machen? Was fühle ich emotional, wenn ich mir das eingestehen muss? Wie offen gehe ich mit Fehler um und kann sie kommunizieren?"

Allein diese drei Fragen werden dein System in Aufruhr versetzen. Doch wir können dich sofort besänftigen, indem wir dir unsere Sicht darlegen, was Fehler anbetrifft. Aus unserer Sicht gibt es keine Fehler, gibt es kein richtig oder falsch, sondern es gibt Entscheidungen, die du für oder gegen dich triffst. Es gibt Erfahrungen, die dir dienlich und weniger dienlich sind auf deinem Weg zur eigenen Wahrhaftigkeit.

Ein Fehler entsteht dann in deinem Menschsein, wenn du von deinem jetzigen Bewusstseins- und Erkenntnisstand, auf eine Entscheidung und ein Tun in einer vergangenen Situation zurückblickst und sie im Hier und Jetzt beurteilst. Vergegenwärtige dir, dass du zum damaligen Zeitpunkt nicht die Erkenntnisse von heute hattest. Vergegenwärtige dir, dass das Urteil, das du dir gegenüber selbst fällst, einen Zustand der Nicht-Akzeptanz erzeugt, in dem negative, niedrigschwingende Emotionen wie Reue, Frustration, Verärgerung, Wut und Enttäuschung entstehen können.
Integriere mehr und mehr die Erkenntnis, dass jede einzelne deiner Entscheidungen in eine Erfahrung und in eine Erkenntnis münden können. Wenn du also von der Ebene deines Menschseins glaubst, einen vermeintlichen Fehler gemacht zu haben, so erkenne im Hier und im Jetzt, was du aus dieser Situation und

Erfahrung lernen kannst. Dieser bewusste, positive erzielte Lernerfolg hat die Kraft die negativen Emotionen, die durch deinen vermeintlichen Fehler in dir entstanden sind, zu erlösen und sogar zu ersetzen.

Wenn du aus einem vermeintlichen Fehler keinen Lernerfolg ziehst, verbleibst du in diesem Erkenntnisstand der Unzulänglichkeit, der Mangelhaftigkeit, des Nicht-Perfektseins. Dieser Erkenntnisstand wird getragen von den vorhin genannten negativen, niedrigschwingenden Emotionen.

Erzielst du einen Lernerfolg, stärkt das dein Selbstvertrauen und deine eigene Wertschätzung, denn du lernst dich mit jeder Erfahrung besser kennen und lieben. Alle Erfahrungen dienen dir letztlich, um wieder in dein wahres Selbst zurückzukehren. Im Zustand dieses wahren Selbst bist zu frei von Illusionen. Und wir sagen dir, dass es eine Illusion ist, wenn du glaubst, dass dein Leben dann perfekt sein wird, wenn du nur möglichst viel tust und leistest in deinem Leben.

Dein wahres Selbst ist der Wahrhaftigkeit verbunden und nicht der Perfektion. Alle Schritte auf deinem Weg sind Schritte auf dem Weg zu dir selbst, ein Aufbau an Vertrauen und Liebe, ein Aufbau an Treue und Integrität, deinem wahren Selbst gegenüber. Je höher also deine Sehnsucht nach Perfektion ist in deinem Alltag als Mensch in diesem Leben, umso geringer ist deine Integrität dir selbst gegenüber, umso geringer ist deine eigene Wertschätzung und Liebe dir selbst gegenüber.

Und wenn du einmal wieder in deinem Alltag vor einer Situation stehst, die du besonders perfekt gestalten möchtest, frage dich: „Warum strebe ich gerade jetzt nach dieser Perfektion? Was fehlt mir im Moment in meinem Inneren, dass mir das Perfekt-Sein im Außen scheinbar bietet?"

Wenn du bereit bist, deine Perfektion und die damit verbundene Kontrolle einzutauschen, gegen die Liebe zu dir selbst und deine Wahrhaftigkeit, wirst du ein tiefes Loslassen, ein emotionales Aufatmen und einen kraftvollen Lebensfluss in dir spüren können. Die daraus sich ergebende Hingabe an das Leben wird deine Kontrollmechanismen besänftigen können. So lass dich ein darauf, Perfektion loszulassen und in Hingabe dein wahres Selbst zu leben.

So sei es.

Sei voller Mitgefühl

Mitgefühl ist in dieser Zeit ein aufkommendes Thema bei euch Menschen. Mitgefühl bedeutet, die Fähigkeit zu haben, zu fühlen oder diese Fähigkeit zu entwickeln. Es bedeutet auch, außerhalb der eigenen Gefühls- und Emotionalebenen, sich in die Situation eines Anderen hineinversetzen zu können.

Wir hatten in einer der vergangenen Übermittlungen davon gesprochen, wie wichtig es für euch Menschen nun ist, Gefühle und Emotionen wahrzunehmen, zu empfinden und sie auszudrücken. Mitgefühl bedeutet, fühlen zu können, spüren und empfinden zu können. Dazu bedarf es eines Wechselns der Perspektive. Ihr wechselt sozusagen von der rationalen Verstandesebene auf die emotionale Herzensebene. Und wenn ihr Mitgefühl mit einer anderen Person, einem Wesen oder einem Tier habt, so stellt ihr eine gemeinsame Herzensebene her. Ihr könnt dann fühlen, wie es dem anderen geht. Und damit überwindet ihr die Illusion der Trennung und könnt ein Miteinander gestalten, anstatt in einer illusionären Abgrenzung, Anonymität und Individualität zu leben. Dieses Miteinander findet auf der Herzensebene statt und kann so Grenzen des Verstandes und eures Glaubenssystems im Unterbewusstsein überwinden.

Nochmals: Grundvoraussetzung, um Mitgefühl empfinden zu können, ist die wiederentdeckte Fähigkeit, in sich selbst Gefühle und Emotionen als Kompass und Barometer für den eigenen Weg anzuerkennen, wertzuschätzen und zu nutzen.

Je mehr Mitgefühl sich ausbreitet in der Welt unter den Menschen, umso mehr Herzensverbindungen werden hergestellt. Mitgefühl könnt ihr auch gegenüber einem Tier, einem nichtkörperlichen Wesen oder gar einer Pflanze empfinden. Je öfter ihr Mitgefühl empfindet und je länger ihr damit auf der Herzensebene mit anderen kommuniziert sozusagen, umso mehr wird sich die Schwingung auf eurem Planeten Erde verändern und erhöhen.

Was ihr dabei beachten solltet ist, dass ihr Mitgefühl nicht mit Mitleid verwechselt. Mitleid ist eine Kreation eures Egos, eurer Verstandesebene. Und ihr verlasst damit definitiv eure Herzensebene. Mitleid erweckt die Kraft des Opfers und des Mangels an Schöpferkraft. Wir möchten euch dies näher erläutern.

Das von euch Menschen empfundene Leid wird erschaffen durch die Interpretationen und Beurteilungen eurer Verstandesebene, eures Egos. Die Essenz eurer Seele, euer wahres Selbst also, ist in der unendlichen Liebe und Güte, in der unendlichen Wahrhaftigkeit und Freude, frei von Leid. Hier besteht absolute Akzeptanz von Allem-Was-Ist. Hier bestehen die Anerkenntnis der vollkommenen Schöpferkraft und die Anerkenntnis des freien Willens. Die Energie des Leidens versetzt euch Menschen in eine Opferrolle, ihr gebt damit Verantwortung und das Wissen um eure eigene Wahrhaftigkeit und Schöpferkraft ab.

Mitgefühl kann Menschen dabei helfen, emotional aus diesem Leiden als Opfer zu entkommen. Mitleid lässt deinen Gegenüber in seinem Leid und in seiner Opferrolle verbleiben. Es ist daher sehr wichtig für dich, in der Interaktion mit anderen in dir selbst zu spüren, ob du Mitgefühl oder Mitleid empfindest. Mitgefühl schenkt deinem Gegenüber die Kraft der eigenen Verantwortung. Das solltest du in deinem Bewusstsein tragen.

Mitgefühl wird eine Qualität sein, die mehr und mehr Raum und Zeit auf diesem Planeten einnehmen wird und so einen tiefen, gesellschaftlichen Bewusstseinswandel herbeiführen kann. Mitgefühl ist eine Qualität, die euch eure Lebendigkeit vergegenwärtigt, und die euch innerhalb, der sich entwickelnden Technologien auf diesem Planeten, einen entscheidenden Vorteil verschafft. Künstliche Intelligenzen und Maschinen besitzen diese Qualität nicht und können sie sich auch nicht aneignen.

Wir möchten dich einladen, dich täglich mit dem Gefühl des Mitgefühls zu verbinden, um Bewertung und Verurteilung durch Güte und Mitfühlen zu ersetzen. Wir möchten dich einladen, bewusst wahrzunehmen und zu spüren, wie durch die Kraft des Mitgefühls und das Entstehen einer gemeinsamen Herzensebene, ein neues Miteinander entstehen kann, welches dir den Weg zurück in die Einheit von Allem-Was-Ist ebnen kann.

So sei es.

Sei intuitiv

Wir werden sehr häufig gefragt, wie es euch gelingen kann, mit eurer Intuition verbunden zu sein, Impulse und Informationen aus der eigenen Intuition zu erhalten und in diese zu vertrauen.

Mit der eigenen Intuition verbunden zu sein, bedeutet für dich als Mensch, in direkter Kommunikation mit deiner Seele zu sein. Deine Seele, die so unendlich liebevoll, weise und wissend zugleich, freudig und lichtvoll ist. Auch, wenn du jetzt im Moment, noch an deiner Intuition zweifelst, möglicherweise gar nicht mit ihr verbunden bist, möchten wir dir tröstende und beruhigende Worte zuteil werden lassen.

Jedes Wesen, unabhängig von seiner Herkunft, seines Bildungsstandes, seines gesellschaftlichen und religiösen Standes, ist in der Lage, sich mit seiner Seele zu verbinden, um aus dem innigen Kontakt mit ihr heraus, ein intuitiv gesteuertes Leben zu führen.

Der erste Schritt hierfür ist die grundsätzliche Anerkenntnis, dass du ein beseeltes Wesen bist, das hier auf diesem Planeten Erde eine menschliche Erfahrung macht. Das heißt, du sagst auf der einen Seite Ja zu deinem Menschsein, auf der anderen Seite Ja zu deiner seelisch-geistigen Existenz.

Der zweite Schritt ist, neben der Anerkenntnis deiner Seele, eine Möglichkeit des Zugangs der Kommunikation und des Ausdrucks zu finden. Und hier gilt es, sich deiner individuellen Qualitäten und Fähigkeiten gewahr und bewusst zu werden. Durch gezielte

Wahrnehmungsübungen und die daraus resultierende Lernerfahrung, welches für dich der geeignetste Weg und die müheloseste Art und Weise der Kontaktaufnahme mit deiner Seele ist, begibst du dich in diesen natürlichen Prozess der Öffnung für deine Intuition. Das heißt, wir raten dir, alle möglichen Ebenen der Wahrnehmung auszuprobieren und experimentell zu erfahren.

Stelle dir dazu folgende Fragen:

Auf welche Art und Weise erhältst du Impulse? Siehst du? Hörst du? Empfängst du Gedanken? Spürst du? Riechst du? Schmeckst du? Begreifst du?
Es gilt dann, die leichteste und müheloseste Form der Wahrnehmung zu wählen. Und die leichteste Form ist für dich gleichzeitig die Sicherste und Vertrauensvollste sozusagen.

Intuition entspringt tief in deinem Inneren. Deshalb sollest du die Informationen und Impulse, die du erhältst nicht mit deinem Verstand beurteilen. Vielmehr gilt es, ein Gefühl zu entwickeln hierzu. Möchtest du deinen Informationen und Impulsen, die in deinem Inneren entstanden sind folgen und sie umsetzen? So kannst du jetzt dann deinen Verstand zur Hilfe nehmen, um die Umsetzung in der Materie wahrhaftig zu erreichen. Nicht jedoch, um sie durch deinen Verstand, auf ihre Richtigkeit und Wahrhaftigkeit zu überprüfen und zu beurteilen.
Du kannst davon ausgehen, dass in der Regel, dein Verstand diese Impulse nicht verstehen kann. Denn die Weisheit deiner Seele ist frei von unterbewussten Glaubensmustern und Begrenzungen deines Verstandes. Je unerwarteter und unverständlicher, jedoch emotional kraftvoll und liebevoll spürbarer, die aufkommenden Impulse sind, umso eher kannst du davon ausgehen, dass sie Intuition und nicht Illusion sind.

Intuition verhilft dir in deinem Menschsein dazu, sich auf das Leben einzulassen und darauf zu vertrauen, dass die unendliche Weisheit deiner Seele, auf jede Frage, jede Herausforderung und jedes Problem eine Antwort hat.

Wichtig ist für euch Menschen, dass ihr diese Kommunikation mit eurer Seele regelmäßig pflegt, übt und trainiert. Je häufiger und regelmäßiger ihr dies tut, umso mehr könnt ihr darauf vertrauen, dass auch in einer Krise und einer Herausforderung, Lösungen auf diesem Kommunikationsweg zu euch gelangen. Häufig versucht ihr Menschen erst in Krisen und Herausforderungen, euch mit eurer Intuition zu verbinden. Aufgrund des emotionalen Ungleichgewichts in einem Krisenzustand, ist es für euch Menschen sehr schwer, klare Impulse zu empfangen. Das heißt, unser Rat gilt dies täglich zu tun, um so sich einer inneren Führung zu öffnen und anzuschließen, sodass das Leben leicht und mühelos wird. Gerade wenn Krisen und Herausforderungen auf euch warten.

Wir raten euch deshalb, euch ganz bewusst Zeit zu nehmen, um eurer inneren Führung zu lauschen, um wahrzunehmen, was der nächste Schritt auf eurem Weg ist.

Wir sind gekommen, um euch dabei zu helfen. Wir beantworten eure Fragen, allerdings immer mit der tiefen Anerkenntnis und dem tiefen Wunsch gleichzeitig, dass ihr selbst Zugang zu eurem Innersten, zu eurer Seele habt, diesen nutzt, entwickelt und lebt.

Ein intuitives Leben zu leben bedeutet, die Kontrolle loszulassen und sich voller Vertrauen der inneren Führung hinzugeben, in der tiefen Gewissheit, dass deine Seele zum höchsten Wohl von dir selbst und aller handelt und durch dich hindurch existiert und wirkt.

So sei es.

Macht dir dein Leben Spaß?

Wir möchten dir heute ein paar einfache Fragen stellen, die dich zum Nachdenken und Hineinspüren anregen sollen. Sie drehen sich alle um das Thema Spaß in deinem Leben.

Macht dir dein Leben Spaß?
Weißt du, was dir Spaß macht?
Wie oft hast du Spaß in deinem alltäglichen, normalen Leben?
Erlaubst du dir, Spaß zu haben?
Kannst du Spaß körperlich spüren? Und wenn ja, wo spürst du ihn?

Nutze diese Fragen, um dein Leben und deinen Alltag näher zu beleuchten. Beleuchten, damit meinen wir, dass du deine volle Aufmerksamkeit darauf richtest und somit etwas Licht ins Dunkel deiner Unbewusstheit bringst, sozusagen.

Spaß ist der spürbare, gelebte Ausdruck von Freude. Wie du vielleicht schon weißt, ist Freude dein natürlicher Seins-Zustand. Niemand kann dir deine Freude nehmen, denn sie ist immer in dir. Lediglich der Zugang zu diesem natürlichen Zustand, kann aufgrund von negativer Erfahrungen und Glaubensmuster zeitweise verschlossen sein.

Wenn du Spaß hast in deinem Leben, dann hast du Kontakt zu der Freude in dir. Und du lebst diese Freude als Mensch dann aus. Ausleben, damit meinen wir, dass aufgrund von dem Gefühl der

Freude eine aktive Handlung von dir folgt. Spaß zu haben und Dinge zu tun, die dir Spaß machen, ist somit nichts Verwerfliches, auch wenn viele Menschen in ihrer tiefen Ernsthaftigkeit das glauben.

Wenn Freude dein natürlicher Zustand ist und Spaß ein gelebter Ausdruck von Freude ist, dann solltest du jetzt innehalten, dir darüber gewahr werden. Je mehr du dieses Gewahrsein aktiv in deinem Alltag integrieren kannst, umso mehr wird dir dein Leben Spaß bereiten. Umso mehr wirst du nach Situationen, Menschen, Wesen und Erfahrungen Ausschau halten, die dir Spaß schenken. Du wirst sie anziehen mit deiner Resonanz.

Wir möchten dich einladen, wieder mehr Spaß in deinem Alltag zu spüren. Wir möchten dich einladen, wieder mehr Spaß am Leben selbst zu empfinden.

Vielleicht bist du dir im Moment nur in einem klar, nämlich über das, was dir alles in deinem Leben keinen Spaß macht. Wir sagen dir, dass das ein Anfang sein kann. Wenn das dein erster Schritt ist, herauszufinden, was dir Spaß macht, ist das großartig. Bleibst du jedoch in diesem Stadium der Verneinung von Spaß stehen, so werden Frustration und Schwermut deine emotionalen Begleiter sein in deinem Alltag. Frage dich also: „Was würde mir stattdessen Spaß machen?" Lasse nicht nach, bis du eine Antwort gefunden hast.

Und diese Antwort findest du nicht als Gedankenmodell in deinem Kopf. Und sie kommt auch nicht zu dir durch eine schlagartige Erleuchtung deines Seins. Wenn du dich in dieser Klarheit der Verneinung, also der Gewissheit, was dir alles keinen Spaß macht, befindest, dann ist unser Rat für dich ganz einfach: Probiere es aus. Beginne zu verändern und zu experimentieren. Verändere Kleinigkeiten in deinem Alltag. Öffne dich dafür, dich für neue Dinge zu interessieren und beginne wieder, wie ein Kind zu lernen und die Welt neu für dich zu entdecken. Keinen Spaß hast du schon! Also, was kann passieren, wenn du dich auf dieses ungewöhnliche Experiment einlässt?

Du weißt nicht, wo du bei deinem Experiment der Freude anfangen sollst? Fange ganz bei dir mit einfachen, ja fast banalen Dingen an. Verändere bewusst deine Ernährungsweise oder deinen Kleidungsstil. Schreibe mit deiner nicht dominanten, schwächeren Hand, lerne eine neue Sprache oder handwerkliche Tätigkeit. Durchbreche langweilige Routinearbeiten, zu denen du verpflichtet scheinst, indem du sie mit einer ungewöhnlichen Art und Weise kombinierst. Gehe mal rückwärts durch das Büro zum Kopierer, höre deine Lieblingsmusik bei der Hausarbeit, singe laut beim Autofahren, verstelle deine Stimme bei dir lästigem Small-Talk, umarme Menschen grundlos, anstatt ihnen nur die Hand zu geben, die Aufzählung ließe sich endlos fortführen. Tue in kleinen Dingen, die dir keinen Spaß machen und die dich langweilen, mal ganz bewusst etwas Anderes und ganz Gegensätzliches zu deinem Gewohnten.

Du wirst schon bald spüren, dass du Manches ziemlich verrückt und lustig finden wirst. Jetzt bist du auf der richtigen Spur, hin zu deiner Freude. Du öffnest dich für eine neue Leichtigkeit und dein Licht kann wieder aus dir heraus erstrahlen. Spüre dann, wie sich deine Stimmung hebt und du wirklichen Zugang zu deinem wahren Selbst hast.

Du wirst uns entgegnen, dass du, von nun an, doch nicht nur noch verrückte Dinge tun kannst. Du wirst sagen, dass es nicht geht, dass alles nur noch Spaß macht im Leben.

Wir sagen dir, dass es möglich ist – mit der richtigen Einstellung. Und diese Einstellung erzeugst du selbst in dir. Du hast die Wahl. Bedenke bei deiner Wahl, wie auch immer du dich entscheidest – für oder gegen den Spaß in deinem Leben – dass dein Leben endlich ist.

Deine menschliche Erfahrung ist zeitlich begrenzt.
Willst du diese Zeit nutzen?
Jetzt?
So sei es.

Ewige Jugend

Das Streben nach ewiger Jugend ist groß in Mode bei euch Menschen. Mit Jugendlichkeit verbindet ihr Attribute wie Schönheit, Lebendigkeit, Freiheit, Kraft, Frische und Unverbrauchtheit. In einem Gefühl der Jugendlichkeit scheint es so, als ob ihr das Leben noch vor euch habt und dass euch sozusagen noch die ganze Welt zu Füßen liegt. Die Offenheit für Neues, wie die erste große Liebe, die erste eigene Wohnung, der erste eigene Lohn, ist ein Lebensgefühl, sozusagen eine Einstellung zu leben. Dieses Gefühl und die empfundene Abwesenheit im Jetzt lassen in euch diese Sehnsucht entstehen.

Mit fortschreitendem Leben und Alter, scheint ihr dieses Gefühl mehr und mehr zu verlieren. Euer Leben verläuft mehr oder weniger in einer selbsterschaffenen Struktur und in einem Automatismus aus Gewohnheiten und Verpflichtungen. Was bleibt, ist die Erinnerung an die Tage eurer Jugend und an das Gefühl. Oftmals mit einem Gefühl von Wehmut, werden die Erinnerungen an eure Jugendzeit dann glorifiziert. Was dazu führt, dass ihr euch mehr und mehr in euren Erinnerungen befindet, anstatt im Hier und im Jetzt.

Da es euch nicht möglich scheint, dieses innere Gefühl der Jugendlichkeit, auch im Hier und Jetzt zu spüren, versucht ihr im Außen Dinge zu verändern, um euch diesem Lebensgefühl wieder anzunähern. Ihr glaubt, dass wenn euer Körper jugendlich aussieht, ihr dann auch tatsächlich jung und jugendlich seid. Ist das tatsächlich so?

Ihr Menschen nennt diese Zeit die Midlife-Crisis. Es ist eine Zeit, in der ihr euer bisheriges Leben hinterfragt. Ihr überprüft euer Leben, ob es erfüllende Momente gibt, in denen ihr euch selbst spüren könnt. Ihr fragt euch, ob euer Leben einen Sinn macht. Diese Fragen haben euch auch in eurer Jugend beschäftigt, als ihr begonnen habt, euch von euren Eltern zu lösen, um euren eigenen Weg zu gehen. Und prompt ist es wieder da, dieses Gefühl des Jungseins, der Aufbruchstimmung. Du fragst dich: „Was möchte ich in meinem Leben erreichen? Was möchte ich mit meinem Leben anfangen? Wie möchte ich mein Leben leben?"

Ein bewusstes Leben zu führen heißt, sich immer wieder mit diesen Fragen auseinanderzusetzen. Das ist wahr. Doch es gilt, für euch etwas sehr Entscheidendes zu bedenken und beachten.

Wenn ihr nach ewiger Jugend strebt und nach diesem Lebensgefühl, könnt ihr das tun. Es hält euch in einer Offenheit und in dem Prozess des Werdens und Wachsens. Wozu wir euch raten möchten ist, dieses Streben, unter Einbeziehung aller eurer bisherigen Lebenserfahrungen zu tun. Das heißt, alle Erkenntnisse und alle Weisheit, die ihr aus euren Erfahrungen gewonnen habt, bewusst in diesen Prozess des Wachsens miteinzubringen. Sich dieser Lebenserfahrung gewahr zu sein und gleichzeitig die Offenheit, die Neugier und Lebenslust eines Jugendlichen zu besitzen ist das, was euch ewige Jugend schenkt.

Wenn ihr in diesem Bestreben nach ewiger Jugend eure bisherige Lebenserfahrung verneint – und ihr tut dies, wenn ihr euch wehmütig an die goldenen Tage eurer eigenen Jugend (der guten, alten Zeit) erinnert – dann wird euch dieses Lebensgefühl, jung geblieben zu sein, verwehrt bleiben. Es werden euch keine Schönheitsoperationen, keine Diäten, kein Motorrad- oder Bootsführerschein, kein Kleidungs- oder Lebensstil im Außen, kein jüngerer Partner dabei helfen, wenn ihr im Inneren nicht jugendlich seid.

Wenn ihr euch an die Vergangenheit erinnern möchtet, dann tut dies nicht, um sie emotional zurückzufordern, weil ihr das Gefühl habt, dass ihr altert und euer Körper mehr und mehr verfällt. Erinnert euch an das Gefühl als Jugendlicher, um es in euch wieder wachzurufen, und zwar im Hier und im Jetzt. Erinnert euch, um euch selbst die Bestätigung zu geben, dass ihr euch jung fühlen könnt. Ist das nicht phänomenal? Ihr braucht euch nur an das Gefühl eurer Jugend zu erinnern und eure Emotionen im Jetzt und euer Körper reagieren darauf!

Um die ewige Jugend zu spüren gilt es also, dieses damit verbundene Gefühl, als Lebenseinstellung in euch wachzurufen und wachzuhalten.

Die Auseinandersetzung mit der Vergänglichkeit, eurer Sterblichkeit weckt in den meisten Menschen Angst. Diese Angst ist in der Regel stärker als das Gefühl der Jugend. Auch das ist häufig ein Antrieb, warum ihr alles im Außen in eurem Leben versucht und veranstaltet, um jung zu bleiben. Es ist die Angst vor eurem eigenen Tod. Doch mit eurer Geburt in dieses Leben habt ihr gleichzeitig den Tod gewählt. Eure Körper sind sterblich, das wisst ihr und dennoch verdrängt ihr es aus Angst. Wenn ihr den Kreislauf aus Werden und Vergehen wirklich frei von Angst annehmen könnt, wird euch das ebenso die ewige Jugend schenken. Eine ewige Jugend, die begleitet wird, von eurer Weisheit und Lebenserfahrung.

Ihr fragt euch jetzt sicher, wie ihr die Angst vor dem Tod überwinden könnt. Unsere Antwort ist einfach und für euch, die ihr Mensch geworden seid, doch so schwierig. Es ist die Anerkenntnis, dass ihr eine unsterbliche Seele in einem sterblichen Körper seid. Eure Reise als Seele geht nach diesem Leben weiter. Es ist, wie eine Art Urlaubsreise, die ihr unternehmt. Wenn ihr in eurem jetzigen Sein als Mensch eine Reise unternehmt, seid ihr manchmal wehmütig, wenn die Reise und der Urlaub zu Ende gehen. Gleichzeitig wisst ihr aber, es ist nicht das Ende, euer Leben geht weiter und es werden weitere Reisen folgen. So ist es auch mit diesem Leben als Mensch und Seele.

Da jede Reise einmal zu Ende geht, möchten wir euch einladen, jede eurer Reisen voll und ganz auszukosten. Und damit meinen wir auch euer jetziges Leben. Eure Angst vor dem Tod könnt ihr überwinden, indem ihr jeden Tag eures Lebens auskostet, in der sicheren Gewissheit, dass die Reise irgendwann einmal zu Ende sein wird, auch wenn ihr nicht genau wisst wann. Wir fragen euch: Warum erlaubt ihr euch nicht, so viele Eindrücke, Erlebnisse und Erfahrungen mitnehmen, wie nur möglich sind?

Macht euch immer wieder bewusst, auf welcher unglaublichen, spannenden und unvergleichlichen Reise ihr euch im Moment befindet. Und seid euch gewiss, dass ihr alle Erfahrungen eines Tages mit nach Hause nehmen werdet. Ist das nicht tröstlich? Und besänftigt das nicht alle eure Ängste?

So sei es.

Familien

Im jetzigen Zeitalter und im Wandel des Bewusstseins der Menschheit wird sich euer Begriff der Familie verändern. Alles verändert sich in diesem Universum, in dem ihr lebt. Nichts ist statisch. Und so hat sich auch der Begriff an sich, sowie die tatsächlich gelebte Form der Familie, im Laufe der Menschheitsgeschichte verändert. Und diese Veränderung geschieht auch jetzt.

Wenn ihr an Familie denkt, dann glaubt ihr, dass zu einer Familie Blutsverwandte gehören oder aber Menschen, mit denen ihr bewusst eine Partnerschaft eingegangen seid, zur Gründung einer ebensolchen. Der Begriff der Familie ist sehr eng gefasst. Wir haben erfahren, dass ihr Menschen sagt: „Blut ist dicker, als Wasser" und damit meint ihr wohl, dass innerhalb einer Familie starke Beziehungsbande bestehen und dass in einer Entscheidung, die ihr zu treffen habt, immer die Familie an erster Stelle steht.

In den hochentwickelten Phasen und Kulturen eurer Menschheitsgeschichte, war der Begriff der Familie ein sehr weit gefasster Begriff. Es gehörten alle diejenigen zu einer Familie, die dem Kollektiv oder später einer Sippe, wir nennen es eher einen Clan, angehörten. In dieser Zugehörigkeit war das Dienen innerhalb der Familie zum höchsten Wohle aller, der Zweck und das Mittel zugleich. Alle, die einer Familie angehörten, stellten ihr Wachstum, ihr Wissen und ihre Weisheit zur Verfügung, damit ein fruchtbares Zusammenleben und ein Überleben möglich waren. Das Dienen war Ausrichtung der Fokussierung, also die Intention, als auch die eigentliche Handlung im Alltag. Sich in den Dienst der Familie stellen war ein ganz natürlicher Prozess, der unter Einbeziehung der eigenen Entwicklung (des Wachsens und Lernens jedes Einzelnen) stattgefunden hatte.

Durch das Machtbestreben einzelner Familienmitglieder, wurde der eigentliche Zweck des Dienens innerhalb der Familie entfremdet im Laufe der Geschichte. Es gab dann Herrscher und Diener. Es gibt noch heute ein Familienoberhaupt, das letztlich als machtvoller Führer die Entscheidungen trifft, Regeln aufstellt und für deren Einhaltung sorgt.

Jetzt ist die Zeit gekommen, in dem die Menschheit wieder zurückkehren kann zum eigentlichen Sinn und Zweck der Familie. Es findet ein Wandel statt, der es euch erlauben wird, aus diesem eng gefassten Begriff der Familie wieder herauszutreten. Familie wird mehr sein, als nur Blutsverwandtschaft und Partnerschaft. Dieser Wandel lässt sich jetzt in eurer Gegenwart bereits erkennen, denn es entstehen neue Formen von Lebensgemeinschaften. Einige von euch fürchten sich vor diesem Wandel und möchten an der bereits bekannten Form der klassischen Familie festhalten. Sie fürchten den Zerfall der Gesellschaft.

Nun, tatsächlich wird es so sein, dass eure Gesellschaftsformen sich verändern und transformieren werden. Das ist ein natürlicher Prozess. Wir möchten an dieser Stelle erwähnen, dass ihr sicherlich im Moment in der Gegenwart froh seid, nicht mehr im Mittelalter oder in der Zeit des römischen Imperiums zu leben. Ihr werdet aus heutiger Sicht bestätigen, dass es „gut" war und froh sein darüber, dass diese alten Gesellschaftsformen und Familienstrukturen zerfallen sind.

Auch möchten wir euch zu bedenken geben, dass ein Zerfall einer Gesellschaft etwas Neues entstehen lassen kann. Es wird immer wieder, fast hinter vorgehaltener Hand und innerhalb wissender Gemeinschaften, von der Rückkehr des Goldenen Zeitalters gesprochen. Tatsächlich ist es so, dass der Aufstieg der Erde und der Menschen in vollem Gange ist. Alle Entwicklung, jeder Zerfall und jede Entstehung, jedes Werden und Vergehen sind ein Teil davon. Das ist aus unserer Sicht ein offenes Geheimnis!

Im Goldenen Zeitalter, das bereits begonnen hat und das euch einlädt nun aufzusteigen in ein Neues Bewusstsein, wird der Begriff der Familie, der sich in eure Köpfe und in eure Emotionen eingeprägt hat, losgelassen und neu gestaltet. Menschen werden neue Formen des Zusammenlebens finden. Es werden sich neue Kollektive bilden, die wieder dem eigentlichen Zweck des Dienens folgen. Diese Kollektive werden die Familien des neuen Zeitalters sein. Wesen mit gleicher Gesinnung und Ausrichtung werden in der Gemeinschaft, jedem Individuum zu Wachstum und Aufstieg verhelfen. Es werden neue Gesellschaften gebildet, die nicht mehr auf einem hierarchischen Denken und einer machtbasierten Führung beruhen. In diesen neuen Familien werden alle Wesen Führer und Mit-Schöpfer sein, zum Wohle aller als auch für sich selbst als Individuum.

Die Konzentration auf das eigene, persönliche Ich, das im Moment noch so sehr ausgeprägt ist, wird sich verlagern auf das Kollektiv. Die Sehnsucht nach Aufstieg und die Rückkehr zur Einheit der göttlichen Quelle werden sich nun mehr und mehr abbilden, hier im menschlichen Zusammenleben. Nicht jeder Mensch wird sich dieser Entwicklung jetzt in der Gegenwart öffnen können. Aber auch das, gilt es nicht zu bewerten. Richtet vielmehr euer Augenmerk und euer Gewahrsein auf euch selbst und nicht auf die anderen.

Stellt euch folgende Fragen:
Inwieweit gelingt es mir selbst, den Begriff der Familie zu transformieren?
Wer gehört alles zu meiner Familie?
Wie wohl fühle ich mich in meiner momentanen Familie? Bin ich hier frei, mich zu entwickeln? Bringe ich mich mit meinem Potential im Dienste und zum Wohle aller ein?
Wen möchte ich einladen in meine (neue) Familie?
Mit wem möchte ich eine Familie gründen und zu welchem Zweck?
Wo wünsche ich mir, mit meiner Familie zu leben?"

Sei dir gewiss, dass es diese neuen Familien sein werden, die den Wandel auf der Erde vollziehen. Sie werden das Modell der Trennung aufheben und die Einheit erschaffen, in der alles miteinander verbunden ist. Mag es dir auch noch so vorkommen, als ob die Erde sich nicht zum Guten verändert und die Gesellschaft zerfällt – sei dir gewiss, du erlebst gerade die Geburtsstunde einer neuen Gesellschaft und den Aufstieg der Menschheit.

Möchtest du ein aktiver, lebendiger und bewusster Teil dieses Prozesses sein?
So sei es.

Dein menschlicher Körper

Du hast dich als Seele mit dem Eintritt in dieses Leben für das Menschsein in einem physischen Körper entschieden. Dein Körper und die damit verbundene Lebendigkeit in der Materie, ermöglicht dir diese menschliche Erfahrung. Du hast die Gelegenheit, mit allen deinen menschlichen Sinnen zu erfahren und zu spüren, wie es ist, sich in einer materiellen Welt der Polarität und Dualität zu erleben. Dein menschlicher Körper schafft dazu sozusagen die Voraussetzung dafür.

Da in deiner materiellen Welt die Messung der Zeit linear erfolgt, nimmt dein menschliches Leben mit der Geburt den Anfang und mit dem Tod deines Körpers das Ende. Anfang und Ende sind dir also gewiss, darüber wirst mit uns übereinstimmen. Nur der Zeitpunkt dieser Eckdaten und was dazwischen geschieht, liegt in deiner Freiheit der Wahl und unterliegt somit deinen Plänen, deiner Mitwirkung und deiner Interaktion.

Wenn du dir also vergegenwärtigst – und damit meinen wir, dass du dies wirklich im Hier und Jetzt ins Bewusstsein rufst - dass deine Seele sich für eine begrenzte Zeit in diesem menschlichen Körper erfährt, dann wirst du beginnen, deinem Körper mehr Achtsamkeit zu schenken. Er ist die Voraussetzung, um hier am Spiel des Lebens teilhaben zu können. Ohne ihn, ist das Spiel hier auf der Erde als Mensch vorbei. Ihr Menschen sagt häufig, die Seele bewohnt den Körper. Wir sagen dir, die Seele macht den Körper lebendig. Lebendigkeit bedeutet also, ein aktives, beseeltes Leben zu führen. Die Seele durchdringt und durchflutet den Körper. Der Körper ist Ausgestaltung (Gestalt und Form) deines seelischen Bewusstseins. Dein Körper ist feste Materie und ist doch auch gleichzeitig Energie, die sich in diese Form hinein verdichtet hat.

Nun, wenn dein Körper also dir die Möglichkeit eröffnet als seelisch-geistiges Wesen eine materielle, menschliche Erfahrung hier auf dem Planeten Erde zu machen, stellen sich diese beiden zentralen Fragen:

Warum achtest und ehrst und liebst du deinen Körper dann nicht bedingungslos dafür?

Warum pflegst, nährst und bewegst du deinen Körper nicht, um ihn in Harmonie und Kraft zu erhalten?

Wenn wir diese Fragen euch Menschen stellen, bekommen wir häufig die gleiche Antwort: „Ich weiß es nicht, aber irgendetwas in mir, lässt mich meinen Körper nicht lieben." Was glaubst du, können die Gründe dafür sein, dass du dich nicht selbst lieben kannst?

Fühlst du dich nicht gut genug, nicht schön genug, nicht jung und attraktiv genug?

Empfindest du eine Sehnsucht, wieder in Kontakt mit deiner Seele zu sein und glaubst du, dies nur über die Verleugnung der Materie und des Körpers erreichen zu können?

Was haben dir andere über dich und dein Leben beigebracht und welchen Einfluss haben andere auf dein Körperbewusstsein?

Fühlst du dich in deinem Körper gefangen und unfrei? Begrenzt er dich bei der Ausdehnung deines Bewusstseins?

Hast du körperlichen Schmerz oder Missbrauch erfahren, die zu einer Ablehnung oder gar zu einem Selbsthass geführt haben?

Hast du Angst davor, als arrogant, eingebildet und egoistisch bezeichnet zu werden, wenn du dich selbst liebst?

Würdest du dich fürchten vor Ablehnung und Ausgrenzung aus den Gemeinschaften und den Beziehungen, in denen du lebst?

Alle diese Fragen können dich auf eine Spur bringen, warum du dir selbst nicht die bedingungslose Liebe schenken kannst, die du zweifelsohne verdienst. Verdienen, damit meinen wir nicht, dass du etwas dafür tun müsstest, um Liebe zu erhalten. Sondern alleine deine Existenz ist Anlass genug, dich zu lieben. Alles ist aus der Liebe entstanden. Wirklich alles!

Wir möchten dich einladen, dir einige Minuten am Tag Zeit zu nehmen, um dich diesem Thema der Eigenliebe und des Körperbewusstseins zu widmen.
Frage dich: Wo sind deine Widerstände? Was gilt es jetzt zu verändern, damit du dich wohl fühlen kannst in deinem Körper? Welche alten Gewohnheiten gilt es jetzt über Bord zu werfen und was möchtest du stattdessen tun?

Beobachte dich einmal ganz genau, wie du deinen Körper wahrnimmst im Alltag, was du über dich und deinen Körper denkst, wie du dich in ihm fühlst in deinem Alltag mit seinen Herausforderungen, welche Bedürfnisse dein Körper hat (Ernährung, Entspannung, Bewegung), ob du dich alt oder jung fühlst, ob dein Körper schmerzt (wenn ja, wo?), wie du deinen Körper kleidest und pflegst und was andere über dich und dein äußeres Erscheinungsbild dir als Rückmeldung geben.

Bislang hast du dieses Spiel des Lebens mit großen Widerständen gelebt und bist dadurch weit hinter deinen Möglichkeiten geblieben. Beginne von jetzt an ein neues Spiel in deinem Leben, indem du deinen Körper achtest, ihn ehrst und liebst. Dieses Spiel des Lebens kann so viel Spaß machen, weil du es eben gerade als Mensch in einem begrenzten Körper erfährst, du aber diese Begrenzung mit der Freiheit deines Seins und deines Geistes aufheben kannst.

Das gleichzeitige Anerkennen und Gewahrsein des Menschseins und des seelisch-geistigen Seins, die parallel zeitgleich existieren und sich gegenseitig bedingen, bedeutet für dich, das Erwachen aus der Illusion. Eine Illusion, die davon berichtet, dass vor und nach diesem menschlichen Leben nichts existiert und dass der Tod des Körpers, das Ende des Daseins bedeutet. Und wenn diese Illusion für dich Realität ist, wieviel wichtiger wäre es dann für dich, den menschlichen Körper zu lieben, wenn du nur dieses eine Leben, diese eine Chance hättest?

Wir möchten dich dazu inspirieren, jeden Tag deines menschlichen Daseins im Körper achtsam zu nutzen und dankbar für diese Erfahrung zu sein. Dein Leben wird dann eine neue Tiefe und Intensität, eine neue lichtvolle Einstellung und Ausrichtung, sowie eine neue Richtung und Wahrhaftigkeit erhalten.

So sei es.

Hat die Welt den Verstand verloren?

Du lebst in einer Zeit des rasanten technischen Fortschritts und der damit verbundenen Veränderungen. Deine Welt, in der du lebst, hat sich in den letzten fünf bis zehn Jahren erheblich gewandelt. Und wenn du zurückblickst, scheint es dir manchmal, als ob du in eine entfernte Erinnerung blickst. Du fragst dich: Wohin bewegt sich die Welt und die Evolution der Menschheit? Zerstört der Mensch mit seinem Verhalten den Planeten Erde? Und hat die Welt den Verstand verloren?

Die Unsicherheit, die mit diesen Fragen und der Suche nach Antworten einhergeht, belastet dein Dasein. Du verlierst die Leichtigkeit des Seins. Es macht dich schwer. Sorgen und Ängste um die Zukunft erschaffen eine Disharmonie in deinem Menschsein. Deine Welt im Inneren kommt sozusagen in Unordnung.

Wir werden immer wieder nach unserer Einschätzung zur Entwicklung des Planeten Erde gefragt. Heute geben wir dir erneut einige Gedankenanstöße, die dich zum Nachdenken anregen sollen. Nachdenken, damit meinen wir, dir selbst beim Denken zuzuschauen, in die Betrachterrolle zu gehen, um von ihr aus heraus, eine Selbstreflektion vornehmen zu können. Nachdenken hat also in unserer Wortbedeutung nichts mit dem Verstand, sondern vielmehr mit der achtsamen Nutzung deines Bewusstseins zu tun. Dein Verstand unterliegt einer Begrenzung, da er nur auf vergangene Erfahrungen und deren Erkenntnisse aus diesem

Leben zurückgreifen kann. Dein Bewusstsein dagegen besitzt unendliche Weisheit. Hier findet tatsächlich Neues, Wandlung und Transformation statt.

Nun, zur gegenwärtigen Situation der Erde ist so viel zu sagen: Das, was gerade auf deinem Planeten Erde geschieht, ist Abbild deiner inneren Welt. Alleine bei dieser Aussage, wird sich jetzt schon Widerstand in dir bilden. Das wissen wir. Deiner Einschätzung nach, bist du ein Wesen der lichtvollen, also der guten Seite, die für Harmonie, Frieden und Liebe einsteht in dieser Welt. Wie kann diese Welt, in der Krieg und Zerstörung herrscht, in der Chaos und Ungerechtigkeit vorhanden ist und in der Machtmissbrauch und Macht scheinbar immer die Oberhand haben, Abbild deiner Innenwelt sein?

Im neuen Zeitalter ist die Konstellation für euch Menschen besonders gut, sich mit dem Thema Akzeptanz auseinanderzusetzen. Akzeptanz bedeutet, willkommen heißen von Allem-Was-Ist. Willkommen heißen bedeutet nicht gutheißen. Das gilt es für dich, hier zu differenzieren. Die geistige Welt heißt alles, was auf diesem Planeten Erde geschieht willkommen. In der sicheren Gewissheit, dass alles, was geschieht, ohne Beurteilung und Wertung, dem Aufstieg und der Rückkehr in die Quelle der Einheit dienlich ist.

Was wir dir raten in dieser Zeit der schnellen Veränderung und des Aufstiegs ist, dass du eine kontinuierliche Arbeit in deiner eigenen, kleinen, inneren Welt vornimmst. Indem du dich selbst um deine Welt kümmerst, tust du dies auch für den Planeten. Indem du in dir selbst Frieden mit der Vergangenheit schließt, dir selbst und allen, die mit dir sind, mit der Kraft der Vergebung befreist, beendest du den Krieg in deinem Inneren. Ja, du hast richtig gelesen: Unerlöste, negative Gefühle und Erinnerungen an deine Vergangenheit erzeugen Unordnung, Disharmonie, Zerstörung und sozusagen Krieg in deinem Inneren. Der Drang deines Egos, immer im Recht sein zu wollen, erzeugt ebenfalls Unruhe und Unfrieden in dir.

Wenn du glaubst, die Menschheit und die Welt verändert sich in eine ungesunde Richtung, dann frage dich, wo du dich in eine ungesunde Richtung verändert hast. Kehrst du in deine eigene Natur zurück, ist das der Beginn eines Umkehrprozesses auf diesem Planeten. Machst du dir Sorgen über die Flüchtlingsströme auf der Welt und hast du Angst vor einer Überfremdung, so solltest du dich fragen, wovor du noch in deinem Inneren davon läufst, was dir fremd oder unbekannt ist. Wo vermeidest du noch, in das Unbekannte zu gehen und Neuland zu betreten? Das unbekannte Feld der Möglichkeiten, ist das Neuland indem du dich mit neuen Aspekten deines Potentials bereichern kannst, um sie anschließend in deinem Alltag zu integrieren.

Für dich als Mensch ist es jetzt eine gute Gelegenheit, selbst in eine erhöhte Schwingung und in eine neue Erfahrung der Schöpferkraft zu gehen. Im Moment glauben viele Menschen noch, dass sie als Einzelner nicht die Welt verändern können. Wir sagen dir, genau das wird so sein. Du wirst mehr und mehr aus dem Schatten des Opferdaseins heraustreten können, hinein ins Licht deiner eigenen Kraft und Macht. Dann wirst du erkennen, dass du nicht Untertan und Opfer einiger mächtiger Menschen auf der Erde bist, sondern dass du ein selbstbestimmtes Leben, aus einer Selbstbemächtigung heraus führen kannst.

Diese Selbstbemächtigung, die es nun in dir zu vollziehen gilt, ist zu viel für deinen Verstand. Dein Verstand versteht das nicht und in dir taucht tatsächlich die Frage auf, ob du jetzt den Verstand verloren hast und verrückt wirst. Denkst du so auch über die Welt im Außen?

Die künstliche Intelligenz, die sich nun über deinen Planeten ausbreitet, ist sozusagen das Pendant deines Verstandes im Außen. Diese künstliche Intelligenz ist ausgestattet mit einem enormen Wissen, riesige Mengen von Daten sind dort gespeichert und innerhalb von Bruchteilen von Sekunden abrufbar. Du kannst dir, so in etwa deinen eigenen großen Datenspeicher deines Unterbewusstseins vorstellen. Du als Mensch und beseeltes Wesen hast einen großen Vorsprung gegenüber der künstlichen

Intelligenz. Du kannst fühlen. Du hast Emotionen und du besitzt die Möglichkeit der Empathie und der Selbstbetrachtung. Und diesen Vorteil gilt es jetzt für deinen Aufstieg bewusst zu nutzen. Begib dich nicht in einen Wettstreit zwischen dieser künstlichen Intelligenz und deinem Verstand, sondern wechsle bewusst die Ebene. Nutze dein Bewusstsein, deine Möglichkeit Liebe, Freude, Mitgefühl und Akzeptanz zu empfinden und zu leben.

Dieser Wechsel in ein Neues Bewusstsein wird dir selbst und der Erde zum Aufstieg in ein neues Zeitalter verhelfen. Die geistige Welt schaut mit Liebe und Güte auf die Entwicklung der Menschheit. Den Verstand zu verlieren, der bislang in dieser rationalen Welt als Maß aller Dinge gilt und an Bewusstheit, Emotionalität, Weisheit und Empathie zu gewinnen, ist sozusagen der Prozess des Wandels.

So nehme jede Situation in der Welt und in deinem Alltag als Möglichkeit an, im Inneren eine Klärung und eine Neuordnung vorzunehmen. Richte dabei immer wieder deinen Fokus auf das, was du kraftvoll, positiv und lichtvoll erschaffen möchtest in deinem Leben. Wende deine Aufmerksamkeit von der Negativität ab, indem du in einen Zustand der Akzeptanz gehst. Was dich stört in der Welt und was du als negativ empfindest, sind lediglich Hinweise auf Themen und Felder in dir, die es noch zu erhellen und zu beleuchten gilt. Damit verliert die Negativität ihre destruktive Kraft und wird stattdessen richtungsweisend für deinen eigenen Weg zurück ins Licht.

So sei es.

Dein Inneres Kind

Erinnerst du dich noch an deine Kindheitsträume? Was ist aus ihnen geworden? Hast du sie verwirklicht in deinem Leben oder sind sie irgendwann und irgendwo verloren gegangen auf dem Weg hin ins Erwachsen-Sein?

Jedes Wesen trägt diesen Anteil in sich, den wir das Innere Kind nennen. Es ist der Anteil, der voller Neugier und Tatendrang ist, der sich unvoreingenommen, voller Liebe und spielerisch auf das Leben einlässt und der stetig kreativ nach Lernerfolgen und Wachstum strebt.

In Kontakt mit deinem Inneren Kind kannst du das Leben spielerisch und leicht empfinden. Du hast noch das kindliche Gottvertrauen in dieses Leben und du spürst eine Art Entdeckergeist, der gepaart mit deiner Schöpferkraft, das Leben zu einem aufregenden Abenteuer werden lässt.

Du bist als Neugeborenes in diese Welt gekommen. Du hast den Schleier des Vergessens über dich gelegt, sozusagen einen Neustart gewählt, den Reset-Knopf gedrückt, um nochmal ganz von vorne anfangen zu können. Dir wird im Laufe deiner Entwicklung alles beigebracht, was es braucht, um ein eigenständiges Individuum zu werden, das für sich selbst sorgen kann. Du lernst sprechen, laufen, schreiben, eigenständig zu denken und zu handeln. Der Schleier des Vergessens jedoch ist eine Illusion, denn er sorgt zwar scheinbar für einen Neustart in dieses Menschsein, dennoch trägst du alle deine Erfahrungen aus vergangenen Leben und Daseinsformen in deinem, dir jetzt unbewussten, Bewusstsein. So machst du letztlich mit diesem Leben genau dort weiter, wo du aufgehört hast. Wir nennen das Karma. Dazu mehr in einer unserer nächsten Übermittlungen.

Aber kehren wir jetzt zu deinem Inneren Kind zurück. Im Laufe deines Heranwachsens wirst du von deinem Umfeld – deiner Familie, der Gesellschaft, der Religion und so weiter – geführt und geprägt. Du wirst sozusagen auf das Leben vorbereitet. Dir werden die „Spielregeln" erklärt, wie das hier auf dem Planeten Erde so läuft als Mensch. Dein Inneres Kind, das ein kreativer, freier und direkter Ausdruck deines Selbst ist, ist in seiner absoluten Unvoreingenommenheit und Offenheit in den ersten sechs Jahren diesen Prägungen uneingeschränkt ausgesetzt. Ohne Filter und in einer absoluten Bedingungslosigkeit lässt es sich auf die Führung und Prägung ein.

Kindheitsträume, die in deinen ersten Lebensjahren entstanden sind, sind also direkter Ausdruck deines Selbst und frei von den Prägungen anderer. Im Laufe der Zeit „lernt" das Innere Kind, was es heißt, erwachsen zu werden. Oftmals sind das sehr tiefgreifende Erfahrungen der Begrenzung, des Urteils und dem Gefühl des Nicht-geliebt-seins, die in dieser Prägungsphase erlebt werden. Aussagen wie: „Das kannst du nicht.", „Du bist nicht gut genug.", „Wenn du nicht gehorchst, wird aus dir nie etwas.", „Denke nach, bevor du redest.", „Deine Träume sind unrealistisch, schlag sie dir aus dem Kopf.", und so weiter, prägen dein Inneres Kind nach und nach. Ein emotionaler Schmerz entsteht. Du empfindest Enttäuschung, Trauer, Wut, Ablehnung, Manipulation und Missbrauch durch Autoritäten, Angst und Unsicherheit, Frustration, verminderten Selbstwert und einen Mangel an Eigenliebe.

Wichtig ist jetzt für dich dabei zu verstehen, dass diese Prägung nicht dazu führt, dass das Innere Kind seine essentiellen Aspekte der Neugier, der Unvoreingenommenheit, der Abenteuerlust, des Träumens, des Erschaffens, des Lernwillens und des bedingungslosen Liebens ganz verliert. Was verloren geht, ist lediglich der

Zugang zu allen diesen Aspekten durch einen erlebten, erfahrenen emotionalen Schmerz, der zu einem Erinnerungsverlust, dass es dieses Innere Kind wirklich in dir gibt, führt. Du kannst dir diesen Vorgang der Prägung so vorstellen, dass du und dein Inneres Kind in eine Form gepresst werden, ähnlich dem Sand, der in ein Sandförmchen gepresst wird. Der Sand, aus dem alles erschaffen werden kann, der durch die Kraft der Elemente Erde, Wasser, Feuer und Luft jegliche Form annehmen kann, erhält durch das gewählte Sandförmchen seine Gestalt. Wie du weißt, kann auch diese erschaffene Form, wieder zu freiem, formlosen Sand zurückkehren. Als Kind hast du dieses Phänomen häufig beobachtet und selbst erzeugt.

Um dein Inneres Kind also jetzt im erwachsenen Alter aus dieser Prägung zu befreien, bedarf es der Betrachtung, in welcher Form und Gestalt es sich befindet. In welche Rolle und Gestalt (Sandförmchen) wurdest du durch die Prägung der Erziehung gepresst? Die Antwort auf diese Frage gibt dir Aufschluss darüber, wo du jetzt in deinem Leben stehst. Kannst du dich noch an deine Kindheitsträume erinnern? Die Antwort auf diese Frage, gibt dir Aufschluss darüber, was außerhalb dieser jetzigen Form möglich wäre, und welches Sandförmchen du quasi selbst für dich als Ausdruck deines Seins wählen würdest, um es abzubilden.

Wenn du dich nicht erinnern kannst, raten wir dir anhand alter Kinderfotos oder Erinnerungsstücken aus deiner Kindheit, wieder mit deinen Träumen in Kontakt zu kommen. Nutze diese Gegenstände, um dich wieder mit deinem Inneren Kind zu verbinden.

Welche Träume hast du jetzt in der Gegenwart in deinem Leben, lebst sie aber nicht, weil du dich offensichtlich in einem Umfeld und in Verpflichtungen befindest, die eine Verwirklichung scheinbar unmöglich machen? Schreibe einmal auf, was du tun würdest, wenn es diese Begrenzungen in deinem Leben jetzt nicht gäbe? Und sei unbesorgt, durch das bloße Aufschreiben passiert noch nichts in deinem Leben, du bist sicher dabei und kannst in Ruhe ausdrücken, was in dir verborgen liegt.

Frage dich:

„Was braucht mein Inneres Kind? Welchen emotionalen Schmerz, gilt es zu erlösen? Braucht mein Inneres Kind Trost, Schutz, Geborgenheit, Liebe, Nähe, Achtung, Sicherheit, Freiheit, Raum, Respekt, Aufmerksamkeit, Licht, Wärme, Zuversicht, Hoffnung, Glaube, Anerkennung, Wertschätzung?" Gib deinem Inneren Kind, was es braucht!

Wenn du viele negative Emotionen und Erinnerungen an die Vergangenheit in dir trägst, wird es jetzt Zeit, sie durch Vergebungsarbeit zu erlösen. Vergebung lässt die Vergangenheit nicht ungeschehen werden, aber sie schenkt dir eine andere, friedvollere Perspektive, die dich frei und gelassen im Hier und Jetzt sein lässt.

Sei mutig und befreie dein Inneres Kind. Lebe deine Träume, sodass sie nicht länger Träume, sondern wahrhaftige, reale Visionen deines Geistes sind, die du Schritt für Schritt durch deine Schöpferkraft umsetzen und manifestieren kannst.

So sei es.

Gutes Karma – schlechtes Karma

Wir möchten euch heute die Bedeutung des Begriffs Karma aus unserer Sicht erklären.

„Ist das Karma?" werden wir immer wieder gefragt, wenn in eurem Leben etwas Schicksalhaftes passiert. „Habe ich mir jetzt ein schlechtes Karma geschaffen?" fragt ihr, wenn ihr etwas vermeintlich Schlechtes oder Negatives getan habt. Das Damoklesschwert des schlechten Karmas, scheint dann fast bedrohlich und strafend über eurem Leben zu schwingen.

Gibt es überhaupt gutes oder schlechtes Karma? Diese Frage möchten wir heute klären für euch.

Grundsätzlich geht der Begriff des Karmas davon aus, dass du als Mensch mehrfach wiedergeboren wirst, um Erfahrungen auf dem Planeten Erde zu machen. Und, dass aufgrund dieser Wiedergeburt, die Erfahrungen und Erkenntnisse, die du in früheren Leben gemacht hast, auf dein jetziges Leben Einfluss und Auswirkung haben. Du wirst uns sicherlich zustimmen, dass wenn du den Grundsatz der Wiedergeburt akzeptierst, es einmal ganz wertfrei gesehen keinen Sinn machen würde, in jedem deiner Erdenleben neu und wieder ganz von vorne anzufangen. Das heißt, dass du nicht nur in diesem Leben auf Entdeckungsreise bist und Erfahrungen sammelst, sondern, dass du das bereits in vielen deiner Vorleben getan hast. Alles, was du erlebst, sind Erfahrungen, die du dazu nutzen kannst, Erkenntnisse über dich selbst und das

Leben als Mensch zu gewinnen und das unabhängig davon, ob du diese Erfahrungen rein menschlich als gut oder schlecht bewertest. Alles ist Erfahrung und dient deiner Selbsterkenntnis und Vervollkommnung.

Nun, warum sprechen wir von Vervollkommnung? Wir möchten dir das näher erklären. Deine Seele, die sich entschieden hat, eine menschliche Erfahrung zu machen, ist aus der göttlichen Quelle der Einheit herausgetreten, um sich zu individualisieren und um abgetrennt den Weg der Selbsterfahrung zurück in die Einheit zu gehen. Diese Trennung, die ihr im Menschsein erlebt, ist letztlich eine menschliche Illusion. Weil alles, was aus der göttlichen Quelle der Einheit entspringt, immer und ewig mit ihr verbunden ist. Nichts geht verloren im Universum und im Kosmos. Kosmos bedeutet Ordnung! Alles geschieht in dieser Ordnung, nichts ist Zufall. Und so ist es in dieser Ordnung auch sicher, dass deine Seele nach ihrer individuellen Reise in die Einheit der göttlichen Quelle zurückkehren wird. Daran gibt es keinen Zweifel. Du kannst also nicht scheitern in deinem Unterfangen. Die Frage, die sich auf deiner Reise stellt, ist lediglich, wieviel Erdenleben benötigst du, bis du alle Erfahrungen gemacht hast und wieder zurückkehrst?

Wir möchten dir das anhand des Bildnisses eines Puzzles erklären. Wenn du aus der göttlichen Quelle der Einheit heraustrittst, dann ist das so, als ob du ein ganzes Puzzle mit vielen tausenden Teilen, von dir als deinem Abbild, in deinen Händen trägst. Du betrachtest dieses Puzzle in seiner Ganzheit und prägst dir das gesamte Bild sehr gut in allen Details ein. Das ist der Moment, indem du aus der Einheit zum Individuum wirst. Dann ist dein Plan, das Puzzle jetzt fallen zu lassen und es zerspringt dabei in alle seine Einzelteile. Das ist der Moment der durchgeführten Abtrennung. Das Spiel deiner Seele ist es nun, alle diese Puzzleteile wieder nach und nach zusammenzusetzen, solange bis wieder dieses vollständige Bild entsteht. Deswegen sprechen wir von Vervollkommnung. Deine Seele ist sich diesem Gesamtbild von dir immer und stets bewusst. Nur du als Mensch, begibst dich mit deinem Eintritt in diese irdische Welt hinter den Schleier des Vergessens. Damit meinen wir, dass du dich nach deiner Geburt zunächst nicht oder nur schemenhaft an dieses Gesamtbild deiner Selbst erinnerst.

Da du ein seelisch-geistiges Wesen bist, das Mensch geworden ist, kannst du dich in deinem Erdenleben wieder an dieses Gesamtbild anbinden und bewusst an seiner Wiederherstellung arbeiten. Das bedeutet bildhaft gesprochen, dass deine Leben hier als Mensch, Teil deines Puzzlespiels sind. Da du jedoch nach Austritt aus der göttlichen Quelle ein multidimensionales Wesen bist, puzzelst du sozusagen nicht nur mit deinen irdischen Erfahrungen. Sondern du machst auch im Multiversum Erfahrungen, die zur Vervollständigung dieses Puzzles beitragen. Multiversum, damit meinen wir die vielfältigen Daseinsformen und Ebenen des Seins, die im gesamten Kosmos möglich sind.

Nun aber zurück zu deinem irdischen Dasein als Mensch und dem Karma, das du „mit dir trägst". Was bedeutet nun Karma innerhalb dieses Puzzlespiels für dich? Die Wiedergeburt schenkt dir die Möglichkeit, dein Puzzle in deiner eigenen Geschwindigkeit und so, wie du es willst, zu vervollständigen. Dein Wille basiert hier auf der Freiheit der Wahl, die dir geschenkt wurde in deinem Sein als Seele und Mensch. Du musst also die Vervollständigung deines Puzzles nicht in einem Leben erreichen, sondern kannst alle menschlichen Erfahrungen in all ihrer Schönheit und Intensivität auskosten, in vielen unterschiedlichen Konstellationen (Leben und Lebensumstände). Du kannst so oft wiederkommen, bis du dein Puzzle fertig hast. Ist das nicht wunderbar? Wir wissen, dass ihr Menschen gerade mit dieser wunderbaren Tatsache so sehr hadert.

Karma als Begriff bedeutet aus unserer Sicht, dass du als Mensch an deinem Puzzle weiterarbeitest. Du sammelst Erfahrungen – das sind die Puzzleteile, die ins Bild passen könnten, das du gerade von dir hast. Nun gilt es herauszufinden, wo – also an welcher Stelle des Puzzles – du diese Teile anlegen kannst, sodass ein größeres Stück deines Abbildes deiner Selbst sichtbar wird. Diesen Schritt des Anlegens eines Puzzleteils nennen wir Erkenntnis gewinnen. Du erkennst dich mit jedem Anlegen ein Stück mehr wieder als Ganzes.

Karma ist immer gerade der Teil des Puzzles, an dem du arbeitest. Oftmals ist es dann so in deinem Leben, dass du keine weiteren Teile aus der Vielzahl der Puzzleteile finden kannst, die zu deinem jetzigen Bild passen. Du beschließt, das „Spiel" für heute zu beenden und morgen mit einer neuen Sicht und einer neuen Ausrichtung weiterzumachen. Das ist der Zeitpunkt, an dem du das Leben verlässt, der Zeitpunkt deines menschlichen Todes. Du selbst blickst nach deinem Ableben auf dein Puzzle und siehst, an welcher Stelle du im nächsten Leben weiterarbeiten möchtest, um dich zu vervollständigen. Das ist das, was du als Mensch, den Seelenplan für dieses Leben nennst. Du entscheidest dich, wo du weiterpuzzeln möchtest. Die Stellen, die Möglichkeiten zum Anlegen neuer Puzzleteile sind, sind das Karma.

Karma ist also weder gut noch schlecht, weder positiv noch negativ. Karma zeigt dir, wo du stehen geblieben bist und es zeigt dir die Möglichkeiten, wo du anknüpfen kannst und weitergehen kannst.

Dein Puzzle ist letztlich beendet, wenn alle Teile deines individualisierten Abbildes wieder zusammengesetzt sind. Das ist der Moment, in dem du in die göttliche Quelle der Einheit zurückkehren kannst.

Wir teilen die Ansicht von euch Menschen nicht, dass ihr in dem Rad der Wiedergeburt gefangen seid. Denn das würde dem göttlichen Grundsatz, dass du die absolute Freiheit der Wahl hast und alle Schöpferkraft der Quelle auch in dir ist, widersprechen! Sieh dich also nicht als einen Gefangenen an, sondern erlebe dich als aktiver Schöpfer in deinem eigenen Prozess des Wiedererkennens. Genieße das „Spiel des Lebens", genieße es zu puzzeln, jeden Tag aufs Neue.

So sei es.

Lerne mit dem Herzen

Du befindest dich mitten in einer Zeit aus Wandel und Veränderung, voller Informationen und Möglichkeiten. Die Vielfalt der Informationen scheint manche Menschen zu überfordern, weil sie die Flut an Informationen ungefiltert und unfokussiert in sich aufnehmen möchten. Wandel und Veränderung und dieses hohe Maß an Informationen trifft auf ein altes Modell des Lernens. Mit Modell des Lernens meinen wir, das Aufnehmen von Informationen, das Abspeichern von Informationen im Sinne von verstehen und wiedergeben können, sowie das Integrieren von Informationen, damit meinen wir das Wiedererinnern, das heißt die Information ist jederzeit und zu jedem Ort abrufbar und automatisch umsetzbar und anwendbar. Ist eine Information sozusagen gelernt, verstanden und integriert, brauchst du darüber nicht mehr nachzudenken. Dein System hat dies angenommen als Wahrheit, als Sachverhalt und Tatsache und darauf basierend triffst du Entscheidungen.

Das alte Modell des Lernens beinhaltet zum einen ein Lernen über deine Ratio, also deinen Verstand. Alles das, was du lernst, beinhaltet also eine gewisse Logik oder hat ein gewisses Fundament, sodass es geglaubt wird. Alles das was dein Verstand verstanden hat, kann er sich merken, kann er wiedergeben und auch integrieren. Über alles Unlogische wird gezweifelt und gerätselt, wird weiter analysiert und es wird in Frage gestellt, solange bis auch hier, eine für dich verständliche, logische Erklärung gefunden wird.

Ein weiterer Aspekt des alten Modells des Lernens ist, der Weg des Versuchs und Irrtums. Ihr nennt dies in diesen Zeiten der Moderne „Trial and Error". Das heißt, wenn du nicht weißt, wie etwas funktioniert, wie du ein Problem lösen kannst, wie du reagieren sollst in einer bestimmten Situation, probierst du es aus. In diesem Ausprobieren und versuchen ist eine hohe Quote des Scheiterns beinhaltet. Das heißt, wenn ihr Menschen sagt: „Der Weg ist das Ziel", so ist es hier der Weg des Scheiterns, solange bis ihr herausgefunden habt, wie etwas funktioniert und ihr somit am Ziel seid.

Beide Wege, also der des logischen Verstehens, als auch der Weg von Versuch und Irrtum, werden dir nicht Erfüllung und Freude, Liebe und Wertschätzung schenken auf deinem Weg. Beide Wege sind begleitet von Zweifeln, von einem stetig drohenden Verlust von Selbstvertrauen und einem stetigen inneren, emotionalen Kräftemessen, ob du nun Gewinner oder Verlierer, Erfolgreicher oder Versager bist. Das gesamte Bildungssystem ist auf diesem Modell des alten Lernens aufgebaut. Innerhalb dieses Bildungssystems und des daraus abgeleiteten Erziehungssystems besteht sozusagen noch eine verstärkende Kraft aus Lob und Bestrafung, aus Anerkennung oder mangelnder Wertschätzung. Benotungssysteme sollen dir den Grad und das Maß anzeigen, inwieweit du dich in diesem System des Lernens zurechtfindest, du in dem daraus entstandenen Wertesystem angekommen bist und Platz genommen hast, und inwieweit du all dem, dort Vorhandenen, Glauben schenkst.

Alle Menschenkinder durchlaufen diese Form der Schule in eurer Gesellschaft. In Gesellschaften, die noch mit den Kräften und den Elementen der Natur verbunden sind, findet sich eine andere Form des Lehrens, die in einer verstandesgesteuerten Gesellschaft ebenso eine, wenn auch nonverbale, große Kraft in sich trägt. Es ist das Lernen durch Imitation und Nachahmung. Das heißt, der Mensch, der entschieden hat seine Logik zu gebrauchen und sozusagen zu schlau ist, um sich dem Modell von „Trial and Error" zu verschreiben, entscheidet sich für die Imitation und Nachahmung. Dies soll scheinbar ein Zeichen der menschlichen Evolution sein, das heißt, ihr müsst das Rad nicht immer neu erfinden. Es wird beobachtet, wie bei anderen etwas funktioniert, wie ein Tun und Handeln von Erfolg gekrönt sein kann und wie ein Scheitern vermieden werden kann. Je besser imitiert wird, umso erfolgreicher ist man. Und so entsteht ein System des Lernens, das darauf ausgelegt ist, durch äußere Impulse und Informationen zu lernen. Der Fokus ist stets nach außen gerichtet. Sei es, dass du auf der Suche nach neuen Informationen bist im Außen oder, dass du einen Lernstoff verinnerlichen musst, um eine Prüfung zu bestehen oder du aber dich der Nachahmung hingibst, um so gut, wie ein anderer zu sein. Kinder wachsen in diesem System auf. Sie übernehmen damit die alte Form des Lernens, übernehmen Glaubenssysteme und Muster von Lehrern und Bezugspersonen und fügen sich so mühelos in dieses Netz des alten Lernens und Denkens ein.

Nun, aus unserer Sicht ist es an der Zeit, dass der Prozess des Lernens als ein Prozess des inneren Wachsens angesehen wird. Ein Lernprozess, der im Inneren stattfindet und der daraus besteht, die Intuition mit Erfahrungen in deinem Alltag zu verbinden. Das heißt, du gehst durch dein Leben, indem du all das, was an Informationen und Situationen dir in deinem Außen begegnet, mit deinem inneren Reichtum an Wissen und Erfahrung abgleichst. Inneres Wissen, damit meinen wir nicht, deine logische Datenbank deines Verstandes. Wir möchten das Wort Wissen eher in Zusammenhang und in dem Verständnis von Gewissheit und Erkenntnis benutzen.

Wissen bedeutet, dass du dich mehr und mehr selbst wiedererkennst, dich entfaltest und somit wächst. Wissen bedeutet, dass du den Schleier des Vergessens mehr und mehr lüftest, wer und was du wirklich bist. Wir möchten davon sprechen, dass du mit dem Herzen lernen solltest. Damit meinen wir deine Herzintelligenz, die jeden Informationsfluss filtert unter dem Aspekt der Liebe, der Freude, der Güte, der Dankbarkeit, der Freiheit, der Unendlichkeit, der Wahrhaftigkeit.

Mit dem Herzen zu lernen bedeutet, Informationen zu filtern, nicht im Sinne einer Bewertung und Verurteilung, sondern in einer Spürbarkeit und Berührbarkeit. Hier kommen deine Gefühle und Emotionen als Mensch ins Spiel, die dir bei deinem Lernen mit dem Herzen dienlich sein können. Und während du verzweifelt versuchst, dir viele Informationen mit deinem logischen Verstand zu merken, sind deine Gefühle und Emotionen sozusagen das einfachste und wirkungsvollste Mittel zugleich, um sich Inhalte, Impulse und Informationen einzuprägen, möchten wir sagen - einprägen im Sinne von integrieren. Eine Information, die gepaart ist mit einer Emotion, vergisst du nicht.

Lernen mit dem Herzen bedeutet für dich, in die Selbstreflektion zu gehen, den Bezugspunkt zu suchen und zu finden, zwischen der Information und dir. Was bedeutet diese Information für dich? Was kannst du daraus lernen?

Lernen mit dem Herzen bedeutet, sich dem Weg der Selbsterkenntnis und der Weisheit zu öffnen. Es ist nicht ein zielloses Sammeln von Daten und Informationen, um das größtmögliche Wissen zu haben, sondern es geht um die Herzintelligenz. Es bedeutet für dich, dass du durch jeden Lernerfolg dich ein Stück besser kennengelernt hast, dich tiefer lieben kannst, dich mehr und mehr der Freude öffnen kannst und tiefe Weisheit in dir vorhanden ist. In dieses Lernen mit dem Herzen fließt all deine Erkenntnis aus vergangenen Lebens- und Daseinsformen ein. Das heißt, damit überwindest du gleichzeitig die, vom logischen Verstand angenommene, Endlichkeit deines Seins und kannst so in das grenzenlose Feld der Möglichkeiten eintauchen.

Wir möchten dich deshalb dazu einladen, mehr und mehr auf dein Herz zu hören. Antworten in dir selbst zu finden und in eine neue Form des Lernens und Wachsens zu gehen. Sammelst du lediglich Daten und Informationen, ähnlich eines Computers, wirst du vermutlich als sehr schlau und intelligent von anderen Menschen beurteilt werden. Und möglicherweise wird dies deinem Selbstverständnis gut tun, denn du erntest Lob und Anerkenntnis.

Doch dein inneres Wachsen im Sinne von Selbsterkenntnis und Weisheit findest du, indem du dir selbst mit all diesen großen Einflüssen an Informationen ein guter Lehrer bist. Das heißt, dass du diese Daten nicht nur sammelst, sondern sie auch emotional verarbeitest und mit deiner bisher erlangten Weisheit abgleichst und verbindest und so zu einer größeren Selbstentfaltung gelangst.

So sei es.

Bist du dir selbst treu?

Menschen sprechen häufig mit uns über das Gefühl der Verlassenheit. Sie sind entweder von einem Partner verlassen worden oder aber haben das Gefühl, der tiefen Einsamkeit und Verlassenheit. Und sie stellen Fragen an uns, wie dieses Gefühl erlöst oder geheilt werden kann.

Die Antwort auf diese Frage beginnt mit einer Gegenfrage von uns. „Bist du dir selbst treu?", ist unsere Frage. Diese eine Frage ist der Beginn eines Umdenkens. Sie lädt ein zu einem Perspektivwechsel, weg von dem Gefühl, ein Opfer zu sein und hin zu einem Gewahrsein der Selbstbemächtigung. Sich selbst treu zu sein, ist ein aktiver Prozess. Diesen Prozess hast du selbst in der Hand, er liegt in deiner Verantwortung. Niemand anderer kann das für dich übernehmen oder tun.

Also, wie sieht es mit deiner Treue zu dir selbst aus? Das ist der entscheidende Schritt für dich. Damit du dir diese Frage selbst beantworten kannst, möchten wir dir erklären, was es überhaupt heißt, sich selbst treu zu sein. Es bedeutet, ein unumstößliches Vertrauen in dich selbst zu haben. Das, was du Selbstvertrauen nennst, ist eine wichtige Voraussetzung, um sich selbst treu sein zu können. Treue hat etwas damit zu tun, zu vertrauen, sich einzulassen, sich fallen zu lassen voller Hingabe und Liebe, um dann eine verlässliche Bindung einzugehen. Ganz häufig wird der Begriff der Treue nur in Zusammenhang mit Beziehungen, die du mit anderen führst, benutzt. Tatsächlich ist es so, dass die Beziehung zu dir selbst der entscheidende erste Schritt der Treue ist.

Kannst du dir selbst vertrauen und stehst du in einer Beziehung voller Hingabe und Liebe zu dir selbst, so gelingt es dir auch in einer Partnerschaft oder einer anderen Beziehung innerhalb einer Gemeinschaft. Treue von deinem Partner zu erwarten, ohne dies selbst in dir zu spüren und zu leben, ist ein hoffnungsloses Unterfangen. Alles folgt der Aufmerksamkeit und dem Prinzip der Anziehung.

Beginne also bei dir. Beginne, dir wieder selbst die Treue zu halten. Damit dir das gelingen kann, ist es wichtig, dich kennen und lieben zu lernen. Es ist in etwa so, als ob du dich in dich selbst verlieben würdest. Erinnere dich, wie es war, als du dich das erste Mal verliebt hast in einen anderen Menschen, um dich wieder mit diesem Gefühl zu verbinden. Es gilt für dich zu entdecken, was liebenswert an dir ist. Es gilt an dir zu entdecken, was dir wichtig ist in deinem Leben. Daraus kannst du nach und nach ein Vertrauen in dich selbst entwickeln. Dieses Vertrauen ist das Fundament deiner Treue zu dir selbst. Es ist die Verlässlichkeit und die tiefe Bindung, die sich dann in der Treue ausdrückt.

Je besser du dich selbst kennst und liebst und je mehr Vertrauen du wieder in dir spürst, umso mehr kannst du wahrnehmen und erkennen, wer und was du wirklich bist. Dir erschließt sich mehr und mehr deine eigene Wahrheit. Wahrheit, damit meinen wir, dass du dich wahrnimmst als Seele und Mensch zugleich; dass du hinter die Fassade der Illusion und der Begrenzung deiner Prägungen und Glaubensmuster schaust. Prägungen und negative Glaubensmuster erschaffen ein ganz bestimmtes Bild von dir und deiner Welt. Dieses Bild gilt es zu hinterfragen. Bist das wirklich du oder ist deine Selbstdefinition geprägt von einem begrenzten Glauben über dich?

Selbstvertrauen zu entwickeln und darüber hinaus, die eigene Wahrhaftigkeit zu entdecken, ist eine Reise. Eine Reise zu dir selbst in dein Herz. Je mehr du das Gefühl hast, bei dir anzukommen, je mehr Präsenz aus deiner inneren Mitte kannst du leben. Aus dieser

Präsenz heraus gelingt es dir, die Herausforderungen des Lebens zu meistern, indem du standhaft und treu für deine eigenen Werte und deine Wahrheit einstehst. Aus dieser Treue zu dir selbst und deiner eigenen Wahrheit heraus, ergeben sich dann Lösungen für deine Probleme und Herausforderungen. Es ergeben sich Antworten auf deine Fragen. Diese Lösungen und Antworten stammen von deiner eigenen Herzintelligenz. Sie stammen tief aus deinem Inneren.

Wir möchten dich einladen, dich wieder auf dich selbst zu besinnen, den Fokus der Aufmerksamkeit vom Außen zu dir selbst zu lenken, sodass es dir gelingen kann, dich selbst kennen und lieben zu lernen. Gehe eine tiefe Beziehung mit dir selbst ein und verspreche dir, dir selbst treu zu sein, bevor du das mit einem anderen Wesen tust. Aus dieser, dir selbst gelobten Treue heraus, entstehen dann in einem weiteren Schritt im Außen wahrhaftige, treue Beziehungen zu anderen. Und dann wird das Gefühl der Einsamkeit und Verlassenheit nicht mehr als eine verblasste Erinnerung sein, die du aus der Mitte und dem Frieden deines Herzens in Ruhe betrachten kannst.

So sei es.

Was erwartest du vom Leben?

Wir möchten heute über das Thema der Erwartungen sprechen. Was sind Erwartungen überhaupt in ihrer Begrifflichkeit und wie sehr beeinflussen sie dein Denken und Handeln im Alltag?

Im Gegensatz zu einer Tatsache, ist eine Erwartung eine Annahme. Eine Annahme, die in deinem Verstand vorhanden ist und die sich auf ein zukünftiges Ereignis richtet. Der Begriff Tatsache, so wie wir ihn verwenden, bezieht sich auf eine Situation in der Gegenwart oder der Vergangenheit. Also gilt zunächst einmal festzuhalten, dass immer dann, wenn du Erwartungen hast, du dich mit deinen Gedanken nicht mehr im Hier und im Jetzt, sondern in der Zukunft befindest.

Da ihr menschlichen Wesen durch Beobachtung und Nachahmung lernt, ist es so, dass ihr glaubt, dass durch das Erkennen von bestimmten Zusammenhängen, die Zukunft ein Stück weit vorhersehbar wird. Das heißt, ihr glaubt zu wissen, was geschehen wird, was ein anderer tun wird oder was er tun sollte. Das nennt ihr Menschen, eine Erwartung haben. Euer Verstand und euer Unterbewusstsein entwickeln im Prozess des Lernens, ähnlich wie ein Programmierer, der einen Computer programmiert, Programme und Muster des Denkens und des Handelns. Aus diesen Mustern und Programmierungen entstehen auch deine Erwartungen, die du gegenüber dir selbst, gegenüber dem Leben und gegenüber anderen hast.

Erwartungen zu entwickeln und zu besitzen ist so, als ob dein Unterbewusstsein eine Art Wahrscheinlichkeitsrechnung über die Zukunft durchführen würde. Es nutzt dabei alle Daten, die es zur Verfügung hat. Und das ist ein entscheidender Punkt, wenn es um das Betrachten von Erwartungen geht. Erwartungen bestehen immer aus einem Fundament des Altbekannten, aus Daten der Vergangenheit. Wenn du also häufig in deinem Alltag eine Erwartungshaltung annimmst, so kann nichts Neues in dein Leben treten. Streng genommen kannst du nur das erwarten, was du schon kennst oder zumindest, was du für möglich hältst. Beides ist abhängig von den Programmen und Mustern deines Unterbewusstseins.

Wir möchten näher auf die Erwartungen und deren Bezugspunkte in deinem Leben eingehen. Zum einen kannst du dir selbst gegenüber Erwartungen haben. Diese Erwartungen spiegeln das Bild und die Wahrnehmung, die du selbst von dir hast. Diese Wahrnehmung basiert ebenfalls darauf, was du bisher über dich in deinem Leben „gelernt" hast. Prägungen, die du durch deine Eltern und durch die Gesellschaft, in der du aufwächst, erfahren hast, spielen hier eine entscheidende Rolle. Auch Selbsterfahrungsprozesse, die du auf deinem Erkenntnisweg durchläufst, fließen hier mit ein. Alle Informationen, die du bekommst über dich, setzt du zusammen zu einem Gesamtbild von dir. Aus diesem Gesamtbild an Erfahrungen, Emotionen und Rollen werden dann die Erwartungen an dich selbst gebildet. Nochmals, es ist eine Art Wahrsagung der Zukunft auf Grundlage der Daten, die dir aus der Vergangenheit oder der Gegenwart zur Verfügung stehen. Dein System berechnet aufgrund deiner inneren Programme und Muster, wie du dich in einer zukünftigen Situation verhalten wirst, wie du dich fühlen wirst, wie diese Situation verlaufen wird und so weiter.

Kannst du langsam erahnen, wo hier der Haken ist, wenn es für dich darum geht, wirklich zu wachsen und zu erwachen? Du bewegst dich innerhalb von Erwartungen immer in denselben Kreisen. Es kann nichts Neues in dein Leben treten. Du erschaffst dir dein Leben in einem Automatismus immer wieder gleich.

Zum anderen kann es sein, dass du gegenüber anderen Erwartungen in dir trägst. Das heißt, du glaubst auch hier, genau berechnen und vorhersagen zu können, wie ein anderer in einer zukünftigen Situation reagiert. Diese Berechnung findet aufgrund der Informationen statt, die du über deinem Gegenüber hast. Diese Informationen sind jedoch nicht objektiv, sondern sie sind Interpretationen deines Verstandes aufgrund deiner Programmierungen und Muster. Sie sind sozusagen durch einen Filter gefiltert worden. Du gehst davon aus, dass ein anderer sich so verhält, wie du ihn kennst.

Ebenso verhält es sich mit Situationen, deren Ausgang du erwartest. Kannst du spüren und erahnen, dass Erwartungen dich tatsächlich davon abhalten, offen für Veränderungen und Neues zu sein? Wir wollen damit nicht sagen, dass Erwartungen falsch oder schlecht sind, denn sie geben dir in deinem Leben in bestimmten Bereichen Sicherheit. Sie schenken dir auch die Möglichkeit, dich auf die wesentlichen Dinge im Leben zu fokussieren. Viel mehr, als du bis jetzt glaubst, wird dein Leben von Erwartungen geprägt. Du wirst uns sicherlich zustimmen, dass die meisten Menschen zum Beispiel erwarten, am nächsten Tag nach der Nacht wieder aufzuwachen. Sie erwarten, dass der Tag anbricht und die Sonne aufgeht. Sie erwarten, dass die U-Bahn kommt, die sie zur Arbeit bringt. Sie erwarten regelmäßig ihren Lohn für ihre geleistete Arbeit. Sie erwarten, dass das Ladengeschäft, wie gewohnt seine Pforten öffnet und so weiter.

Was wir damit sagen wollen ist, dass Erwartungen auch dienlich sein können, nicht immer wieder dein gesamtes Leben und die kleinsten Abläufe darin zu hinterfragen. Das würde deinen Verstand überfordern.

Wenn du jedoch nach Veränderung strebst, wenn du alte Gewohnheiten loslassen möchtest, wenn du dich weiterentwickeln möchtest, dann ist es von großer Bedeutung für dich, dich mit deinen Erwartungen auseinanderzusetzen, sie zu erkennen und Stück für Stück loszulassen, beziehungsweise zu verändern.

Frage dich also und beobachte dich in deinem Alltag:

Welche Erwartungen hast du dir selbst gegenüber? Kannst du daraus Schlüsse ziehen, welches Bild du von dir selbst hast?

Welche Erwartungen hast du gegenüber anderen Menschen? Was kannst du daraus lernen? Was spiegelt dir dein Gegenüber? Was möchte er dir sagen?

Welche Erwartungen hast du gegenüber deinem Leben und der Welt, in der du lebst?

Erwartungen loszulassen, heißt aus unserer Sicht, das Gewohnte zu verlassen, die „Warteschleife" der automatisierten Wiederholungen in deinem Leben zu verlassen, um Veränderung und Transformation zu ermöglichen.

Wenn du überhaupt etwas erwartest von dir, dann erwarte Offenheit. Erwarte das Neue, das Unbekannte, das du mit deiner Schöpferkraft in deinem Leben manifestieren kannst.

So sei es.

Dein Lebensplan

Häufig wird uns die Frage von euch Menschen nach einem Lebensplan gestellt. Was macht Sinn im Leben und was nicht? Was ist möglicherweise Bestimmung oder sogar Schicksal? Wir möchten heute näher auf das Thema des Lebensplanes, beziehungsweise des Seelenplanes eingehen.

Der Plan ergibt sich aus dem Wunsch nach Erkenntnis und Selbstentfaltung und aus den Themen heraus, die in dem Leben betrachtet werden wollen. Vor Eintritt in dieses menschliche Leben resümiert die Seele den Erkenntnisstand und kreiert daraufhin einen Plan, eine Strategie sozusagen daraus, wie in dem nächsten, kommenden, menschlichen Leben weitere Erkenntnisse gewonnen werden können. Erkenntnisse, damit meinen wir Erfahrungen, die euch Menschen dazu dienen, sich an euch selbst zu erinnern, euch selbst wieder zu erkennen, wer und was ihr wahrhaftig seid. Die Seele, die sich einst abgetrennt hat, aus der göttlichen Quelle und die ganz bewusst den Weg der Individualisierung und damit der Trennung gewählt hat, möchte durch stetige Schritte des Wiedererkennens, Wiedererinnerns und des Vervollkommnens, sich wieder zurückbewegen zur Einheit. Sie möchte im Rahmen eines Selbsterfahrungs- und Selbsterkenntnisprozesses den Weg, zurück aus der Trennung, hin zum Eins-Sein absolvieren.

So besteht der Seelenplan darin, sich in verschiedenen Ebenen des Seins zu erfahren. Eine Ebene des Seins davon, ist das Menschsein. Ihr Menschen seid multidimensionale Wesen, was bedeutet, dass ihr außerhalb eurer linearen Zeitrechnung euch in, wir möchten hier das Wort Paralleluniversen benutzen, aufhaltet. Dimensionen oder Multiversen sind in ihrer Begrifflichkeit austauschbar, weil beides davon euch lediglich nur mit eurem menschlichen Verstand verdeutlichen soll, dass es innerhalb der Trennung verschiedene Ebenen des Seins gibt in dem Universum von Allem-Was-Ist. So plant die Seele Erfahrungen auf diesen verschiedenen Ebenen. Eine Ebene davon, ist das Menschsein und so wird aus dem Seelenplan dann in diesem Menschsein für die jeweilige Inkarnation der Lebensplan. Der Seelenplan für das Menschsein umfasst viele Inkarnationen, die alle darin münden, eine vollkommene Summe menschlicher Erfahrungen zu ergeben. So ist dein Lebensplan, den du als Mensch als etwas so großes ansiehst, ein kleiner Teil der Gesamtheit deiner menschlichen Erfahrungen. Dein Lebensplan sozusagen, ordnet sich ein in die Strategie der Seele, die darauf ausgerichtet ist, das Ziel der Vollkommenheit in seinem Wiedererinnern zu erreichen. Deine Seele hat für jedes deiner Leben einen Lebensplan. So ist dein jetziger Lebensplan, einer von vielen.

Versteht uns hier richtig, eure Seele ist zu jederzeit, in jeder Daseinsform und Daseinsebene vollkommen und unantastbar. Sie ist dennoch individualisiert und damit in das Spiel des Lebens und Seins, des Werdens und Vergehens eingetaucht. Der Spielausgang ist sicher, denn das Spiel ist erst dann beendet, wenn die Seele zurückgekehrt ist in das All-Eins. Jede Erfahrung und jede Erkenntnis, jede Bewusstheit über dein Selbst, sind Schritte auf dem Weg dorthin und um deinen Lebensplan für diese menschliche Erfahrung voll und ganz auszukosten.

Dein Lebensplan beinhaltet einige Eckdaten, die wir für dein menschliches Verständnis, wie folgt zusammenfassen wollen:
Die Zeit und die Umstände deiner Geburt als Mensch, deine Talente und Gaben, die du mit in dieses Leben bringst, Herausforderungen und Lehrstunden, die du absolvieren möchtest, und die optimale Dauer deines Lebens und somit auch das Ende deines Seins als Mensch. Das bedeutet nicht, dass bereits jetzt die Stunde deines Todes feststehen würde. Es besagt lediglich, dass bei der

Betrachtung des Lebensplans, der Fülle an Möglichkeiten und Lernerfahrungen, bei dem Ausschöpfen deiner Gaben und Talente, deine Lebensdauer optimal so sein könnte.

Deine tatsächliche Lebensdauer als Mensch, sowie der Verlauf deines Lebens und deines Alltages, hängt von vielen Interaktionen ab. Das bedeutet, dass deine Seele den Zeitpunkt deines Ablebens danach auswählt, wann sie davon überzeugt ist, dass es in genau dieser Lebenskonstellation keine weiteren Selbsterfahrungsmöglichkeiten mehr gibt. Interaktionen im Lebensplan damit meinen wir, dass du als Seele und Mensch, angebunden an die göttliche Quelle der Einheit, deine volle Schöpfer- und Manifestationskraft in deinem Leben einsetzen kannst. Du hast die Freiheit der Wahl, jederzeit bewusst oder unbewusst Entscheidungen zu treffen und damit Weichenstellungen für deinen Lebensweg vorzunehmen. Interaktionen, damit meinen wir außerdem, dass du vor Eintritt in dieses Leben, Verabredungen triffst mit Seelen, die ebenfalls die menschliche Erfahrung wählen, sich gegenseitig auf dem Lebensweg zu begegnen, zu erinnern, zu lehren, zu befreien und beim Erwachen zu unterstützen. Menschen, die dir auf deinem Weg begegnen, begegnen dir nicht zufällig, sondern entweder aufgrund deines Lebensplans und der genannten Verabredungen oder aber aufgrund deiner, in der Interaktion getroffenen bewussten oder unbewussten Entscheidungen. So gibt es weder Zufall auf deinem Lebensplan und Lebensweg, noch gibt es eine feste unabänderbare Vorbestimmung, die ihr Menschen Schicksal nennt.

Daraus ergibt sich ein Weg für jede Seele und jeden Menschen, der Selbstbemächtigung, Selbstbemeisterung, Selbsterkenntnis und Selbstbefreiung. Du bist nicht Opfer deines menschlichen Lebens und eines vorbestimmten Schicksals, sondern du hast die Freiheit der Wahl, jeden Schritt auf deinem Lebensweg zu bestimmen. Mit jeder Wahl und mit jeder Entscheidung erzeugst du eine Resonanz, die Anziehung bewirkt. Anziehung ist sozusagen der Treibstoff und die Bewegung im Manifestations- und Schöpfungsprozess.

Deine Entscheidungen können von folgenden Aspekten abhängig und geprägt sein: Deinem übergeordneten Seelenplan, deinem Seelenplan innerhalb der Gesamtheit der menschlichen Erfahrungen, deinen Erfahrungen von früheren Inkarnationen und deinem jetzigen aktuellen Lebensplan in diesem menschlichen Leben.

Je mehr Bewusstheit du darüber erlangst, auf welcher Grundlage du eine Entscheidung triffst, und wie du dich überhaupt entscheidest, desto mehr bist du in deiner eigenen Kraft und Macht, und umso mehr kannst du deine Geschicke lenken und leiten nach deinen Wünschen. Je bewusster du dir darüber bist, welche Gaben und Talente du besitzt, umso klarer liegen dir deine persönlichen Werkzeuge sozusagen zu Füssen, um diese Entscheidungen umzusetzen, deine Herausforderungen zu meistern und Lernerfahrungen zu erzielen.

So ist letztlich dein menschliches Leben bildhaft gesprochen, eine Art Strategiespiel mit sicherem Ausgang. Es ist daher nicht wichtig, sich letztlich auf die Rückkehr auf die Quelle zu fokussieren, hier genügt es dies im Bewusstsein zu tragen. Viel faszinierender jedoch ist es, kreativ und experimentell Pläne und Strategien zu entwickeln.

So sei es.

Sei dein eigener Meister und vertraue dir selbst

Ihr Menschen sucht häufig nach Vorbildern, Idolen, Meistern und Gurus. Es scheint, dass sie eine geistige Idealvorstellung von dem sind, was ihr glaubt, ein perfekter, glücklicher, bewusster und erleuchteter Mensch zu sein.

Aus eurem Alltag heraus betrachtet ihr eure Idole mit einer gewissen Bewunderung, wenn nicht gar Anbetung. Emotional stehen sie auf einer erhabenen Ebene für euch und in einem direkten Vergleich zieht ihr natürlich in allen Belangen den Kürzeren.

Wir möchten euch einladen, diese Suche nach Vorbildern und Meistern zu hinterfragen. Aus unserer Sicht ist dies eine nach außen gelagerte Suche, die jedoch in euch selbst stattfinden sollte, in eurem Inneren. Ihr sucht etwas in eurem Leben, dass ihr selbst nicht spüren und wahrnehmen könnt an euch, in einer anderen Person. Das scheinbare Endergebnis eurer Suche ist das personifizierte Idealbild in einem anderen Menschen. Diese Suche im Außen ist aus unserer Sicht ein Leben in der Trennung. Trennung damit meinen wir, das ihr glaubt, unterschiedlich und verschieden zu sein und unabhängig voneinander existieren zu können. Diese Trennung ist eine Illusion, denn mit dem Austritt aus der Quelle der göttlichen Einheit, haben sich Seelen zwar individualisiert, um einen Weg der Erkenntnis und Entfaltung gehen zu können, alle sind jedoch miteinander verbunden und energetisch vernetzt sozusagen.

Wenn du also glaubst, dass ein anderer besser ist als du, mehr hat als du, bewusster ist als du, bestärkst du die Illusion der Trennung und verneinst deine Verbundenheit mit Allem-Was-Ist. Die Anbetung und Verehrung eines Idols, eines Lehrers oder Meisters, hält dich in deiner eigenen kleinen Welt fest und lässt dich nicht in deine wahre Größe gelangen.

Solange du dich noch vergleichst mit anderen, solange fokussierst du dich noch auf die Trennung, auf den Unterschied. Es wird Zeit für die Menschheit anzuerkennen, dass jedes individualisierte Wesen, Teil des Großen Ganzen ist und das jedes Wesen sowohl Lehrer, als auch Schüler zugleich ist. Und so kannst auch du gleichzeitig Schüler und Lehrer sein, wenn du dich öffnest für eine innere Suche nach deinem wahren Selbst. So wirst du Impulse und Informationen erhalten für dein Wachstum. Menschen und Wesen werden deinen Weg kreuzen, die dich lehren werden, wer du selbst bist und was es heißt, du selbst zu sein. Und es werden Menschen und Wesen deinen Weg kreuzen, mit denen du deine bisher gewonnenen Erkenntnisse teilen kannst, indem du mit ihnen kommunizierst, dein Wissen weitergibst und somit lehrst. Ein wahrer Meister erkennt, dass es keinen Unterschied zwischen ihm und seinem Schüler gibt. Es ist die Verbindung der bedingungslosen Liebe, zwischen dem Meister und dem Schüler, die ein Denken in einem hierarchischen Modell überflüssig macht.

Jeder Lehre, der du begegnest, solltest du offen und bewusst gegenüber stehen. Prüfe alle Informationen, auch die Informationen der geistigen Welt mit deinem Herzen. Spüre welche Resonanz entsteht, ob dir die Informationen, das Gelehrte und die Botschaften wahrhaftig Wachstum, Liebe, Freude, inneren Frieden, Freiheit und Wohlbefinden schenken.

Wir möchten dich einladen, dein eigener Meister zu werden und zu sein. Das Vertrauen in das Selbst zu entwickeln, dass alle Wahrheit in dir ruht, ebenso wie alle Weisheit. Und, dass dieser stetige irdische Lernprozess dazu da ist, dich an deine Größe, an deine Weisheit und an deine wahrhaftige Essenz wiederzuerinnern. Schenke dir selbst Glauben, bevor du einem anderen glaubst, so

wirst du dein Leben und deine Welt wahrhaftig wahrnehmen können. Damit meinen wir nicht, dass du allem und jedem misstrauen
solltest, sondern es geht darum, alle Impulse und Informationen,
die du in deinem Alltag erhältst, auf ihren Wahrheitsgehalt für
dich zu prüfen. Diese Prüfung findet nicht in deinem Verstand, in
Form einer Analyse statt, sondern emotional.

Es geht auch nicht darum, dass ein Lehrer oder Meister es besser
weiß als du oder dass du als Lehrer gegenüber deinem Schüler es
besser weißt. Aus der wahrhaftigen Präsenz deines Selbst, teilst du
deine Weisheit und dein Wissen mit jedem bedingungslos. Ein
wahrer Meister spürt die Verbindung zu Allem-Was-Ist und kann
eben dadurch bedingungslos lieben und geben.

Im Zeitalter der Transformation der Menschheit und der Erde
ist es wichtig für dich, innerhalb der großen Informationsflut, In-
formationen und Impulse ganz bewusst wahrzunehmen, zu reflek-
tieren und sie dazu zu nutzen, deinem Wachstum dienlich zu sein.
Selbstbemeisterung bedeutet, dass du den Weg deiner eigenen
Selbsterkenntnis und Selbstentfaltung gehst.
Und wenn es in euren religiösen Schriften heißt: „Ihr sollt keine
Götzen neben mir haben ...“, so ist damit gemeint, dass eure un-
endlich weise, ewigliche Seele, verkörpert in deinem menschlichen
Leben, keinen Vorbildern, Idolen und Meistern nacheifern muss.
Dein seelisch-geistiges Wesen ist einfach, in einer selbstverständ-
lichen Präsenz.
So sei es.

Reinige deinen Körper und kläre deinen Geist

Wir möchten mit euch heute darüber sprechen, wie wichtig Klarheit und Reinheit sind für euer Dasein und Leben als Mensch. Ihr habt einen Körper, der von einer Seele bewohnt wird. Dieser Gesamtorganismus Körper besteht rein materiell und körperlich aus vielen verschiedenen Molekülen und Zellen, Gewebestrukturen, Organen und ganzen Körperkomplexen, die ihr Körperteile nennt. Von eurer Aufmerksamkeit fast unbeachtet, funktioniert dieser Organismus und dadurch ist es euch möglich, Lebendigkeit in der Materie zu erleben. Häufig ist es so, dass ihr eurem Körper erst dann Aufmerksamkeit schenkt, wenn das Zusammenspiel innerhalb des Gesamtorganismus des Körpers von einzelnen Teilen oder Bereichen in Disharmonie geraten ist. Ihr nennt dies dann Unwohlsein oder Krankheit, Abwesenheit von Harmonie also.

Aus unserer Sicht ist es daher wichtig, euch daran zu erinnern, eine neue Form des Selbstverständnisses, was euer Menschsein betrifft, zu entwickeln. Wandele die Unachtsamkeit und Unaufmerksamkeit gegenüber deinem Körper um in Dankbarkeit und Zuneigung. Sei dankbar, dass du am Morgen erwachen kannst und in dein Leben gehen kannst. Sei dankbar, dass dein Körper in seiner Form existiert und dir diese irdische Erfahrung ermöglicht. Schließe Freundschaft mit deinem Körper und in dieser Freundschaft ist eine aktive Beziehungspflege unerlässlich. Das heißt, welche Beziehung pflegst du mit deinem Körper? Hörst du seine Botschaften und Signale? Nährst du ihn ausreichend und bewegst ihn moderat? Klärst du von Zeit zu Zeit deinen Körper durch Methoden der Reinigung - rein körperlich, äußerlich und innerlich, sowie emotional und psychisch?

Festsitzende alte, negative Erfahrungen und die dabei erlebten negativen Emotionen, haben Einfluss auf die Abläufe innerhalb deines Körperorganismus. Aus emotionaler Ungeklärtheit, das heißt, dem mangelnden Loslassen solcher negativer Emotionen, entstehen psychische Symptome bis hin zu Erkrankungen.

Deine Seele dabei bleibt unantastbar. Es ist deine Persönlichkeit und deine Psyche, die belastet und ungeklärt ist. So gilt es auch hier in Aufmerksamkeit regelmäßig Klärungsarbeit und Loslassprozesse zu initiieren. Dabei spielt deine Klarheit des Geistes eine nicht unwesentliche Rolle. Und diese Klarheit des Geistes lässt dich aus der Verwirrung deiner Emotionen, deiner Unaufmerksamkeit im Tagesbewusstsein, deinen alten Erinnerungen an eine negative Vergangenheit und aus den Sorgen an die Zukunft entkommen.

Den Geist zu klären heißt, regelmäßig in eine Selbstreflexion zu gehen. Das bedeutet, sich zu zentrieren, die eigene innere Mitte aufzusuchen, in Stille zu sein, um dann aus einer anderen Perspektive heraus, das Leben aus einer höheren Warte zu betrachten, Zusammenhänge und Resonanzen zu erkennen und daraufhin Entscheidungen zu treffen und in die Umsetzung zu gehen.

Den Geist klären heißt, zunächst einmal alle äußeren Umstände beiseite zu schieben und dich als Mittelpunkt deines Daseins wahrzunehmen. Hier kannst du dir selbst begegnen und dich besser kennenlernen, erfahren, wer und was du wirklich bist. Dann wird deine Intention und Ausrichtung, mit der du deinen Lebensweg gehen möchtest, klarer. Es ist wie eine Form der Offenbarung für dich. Ist deine Intention geklärt und von positiver, emotionaler Kraft begleitet, so kannst du mühelos all das erschaffen, was du dir wünschst.

Je länger du in einem Zustand der Verwirrung verbleibst, umso ungeklärter sind deine Intention und deine Ausrichtung und umso emotional instabiler bist du. Es mangelt dir dann an Zentriertheit, an Entscheidungskraft und Tatkraft, im Sinne einer Umsetzung.

Es sollte für dich also nun, da die Erde sich in einer großen Transformationskraft bewegt, tägliche Übung sein, deinen Geist zu klären und deinen Körper zu reinigen. Dies hebt deine Schwingung an, denn sowohl dein Körper, als auch dein Geist bestehen aus Energie. Unreinheit, negative Emotionen sowie Verwirrung erzeugen ungleichmäßige, niedrige Schwingungen von Energie.

Willst du dich also in diesem Transformationsprozess entfalten und in einen Zustand von Freude, Liebe, Freiheit und Wohlbefinden sein, so ist es wichtig für dich, deine Schwingungen immer wieder zu klären und anzuheben. Niemand außer dir ist für die Reinheit und Klarheit und für deine Schwingung verantwortlich. Sieh dich nicht als Opfer an von äußeren Umständen, die negativ auf deine Schwingung einwirken, denn du bist letztlich Meister deiner Energie und deiner Kraft.

Wenn Frequenzen auf dich einwirken von außen, so haben sie nur dann eine Möglichkeit dein Schwingungsmuster zu verändern und Macht über dich auszuüben, wenn du selbst unklar bist. So ist Klarheit der beste Schutz für dich und gleichzeitig das einfachste und wirksamste Werkzeug, um den Aufstieg in ein neues Zeitalter mühelos zu absolvieren.

So sei es.

Möchtest du die Welt retten?

Wir werden immer wieder darauf angesprochen, ob der Planet Erde dem Untergang geweiht ist oder ob eure Welt noch zu retten ist?

Viele Wesen auf diesem Planeten sehen sich in ihrer Rolle eines Weltenretters. Die Motive sind ganz unterschiedlicher Natur, persönlich, gesellschaftlich, religiös, karmisch, politisch oder aufgrund vom eigenen Machtstreben heraus.

Hast du dir schon einmal die Frage gestellt, ob die Erde von dir gerettet werden möchte?

Hast du überhaupt die Macht dazu, die Erde zu retten?

Wenn du dir vergegenwärtigst, dass Menschen, ebenso wie Tiere und Pflanzen, Mineralien und verschiedenste Wasserstrukturen, sowie andere Arten von Wesenheiten, den Planeten Erde bevölkern, möchten wir dich einladen, anzuerkennen, dass du, wie auch alle anderen, einer Einladung gefolgt seid. Der Planet Erde, als eigene Wesenheit und Gesamtorganismus hat dich eingeladen, hier zu sein. Und du bist dieser Einladung freiwillig gefolgt. Und so bist zu eingetaucht in diesen Kreislauf aus Werden und Vergehen, dem Spiel aus Leben und Tod, dem Erblühen und dem Untergang.

Ebenso wie du als Seele, hat auch der Planet Erde einen Plan. Du bist ein winziger Anteil dieses Plans. Damit meinen wir nicht, dass du unwichtig wärst in diesem Plan. Wir meinen jedoch, dass die Erde nicht Opfer ihrer Bewohner ist, sondern selbst in ihrer Kraft und Macht ist, zu transformieren und aufzusteigen. Die Erde rettet sich somit selbst. Das heißt, das jetzige Szenario auf deinem Planeten besteht nicht rein zufällig, sondern es dient alles einem Plan. Du kannst Teil dieses Plans sein, bewusst und aktiv. Doch nicht in einer Rolle als Weltenretter, sondern als aktiver Teil dieses Plans. Deine Aufgabe dabei besteht darin, dich selbst zu retten, dich selbst zu erlösen und zu transformieren. Und mit jeder Transformation eines einzelnen Individuums als Bewohner dieses Planeten Erde, gelingt es der Erde mehr und mehr ihren Plan zu verfolgen.

Lasse dich nicht in die Irre führen, dass böse Mächte die Erde zerstören wollen und dass Ungerechtigkeit tatsächlich die Welt regiert, dass Menschen, Tiere, Pflanzen, Opfer politischer und wirtschaftlicher Interessen werden. Niemand auf diesem Planeten ist Opfer. Es sei denn, du gibst diesem Wesen in deiner Welt und Realität diese Rolle.

Du wirst uns entgegnen, dass es Menschen, Tiere und Pflanzen gibt, die sich nicht wehren können, ungerecht behandelt und vernichtet werden. Wir sagen dir, rette dich selbst und inspiriere andere, es ebenso zu tun. Erlöse dich von Strukturen des Machthungers deines Egos. Wechsele von der Persönlichkeitsebene auf deine Herzensebene. Und von dieser Ebene aus kannst du an der, von der Erde selbst initiierten, Rettung und Transformation beitragen. Situationen, Konflikte, Herausforderungen nicht länger persönlich zu nehmen, sie mit dem Ego zu bewerten, in Projektion, Vorwürfen, Bestrafung, Denunzierung und Kontrolle zu agieren, ist nicht länger Teil deines Planes. Sondern vielmehr sich auszurichten auf Liebe, Mitgefühl, Empathie, Zuneigung, Freude, Miteinander, gegenseitige Unterstützung, Inspiration, soziales Zusammenleben und ein kulturell, gesellschaftlich, religiös, übergreifendes Denken zu leben.

So möchten wir dich einladen, dich selbst zu retten. Dein eigener Erlöser zu sein von Bewertung und Kontrolle, von Urteil und

Selbstbestrafung und von Schuld, sodass du dann dein eigenes Seelenlicht durch dein Menschsein hindurch, in reinster Kraft wirken lassen kannst. Die Veränderung und die Rettung der Erde beginnen nicht im Kampf im Außen. Natürlich wissen wir um viele gut gemeinte Initiativen, die sich scheinbar zerstörerischen Handlungen auf diesem Planten widersetzen möchten. Doch es scheint, dass im Moment immer der Stärkere und Machtvollere gewinnt. Das liegt einzig und allein daran, dass Kampf und Widerstand nicht die Werkzeuge von Transformation sind.

Wenn ihr Menschen in eurer Menschheitsgeschichte zurückblickt, so haben all die kriegerischen Auseinandersetzungen und Kämpfe nicht zu mehr Frieden auf der Welt beigetragen. Solange ihr Recht haben wollt und glaubt auf der Seite des Rechts zu sein, wird Kampf und Widerstand euer einziges machtloses Werkzeug sein. Ein Lichtkrieger, nun wir haben diese Begrifflichkeit von euch Menschen gelernt, trägt lediglich die Waffe seines Herzens, und ihr wisst um die Macht der Liebe, und er trägt das Schutzschild bestehend aus Klarheit und Reinheit.

So verändert euer Denken und Handeln. Jede Transformation eines Individuums trägt zum Wandel der Erde bei.

So sei es.

Wirst du es bereuen?

Die meiste Zeit in eurem Tagesbewusstsein verbringt ihr Menschen in unbewussten Automatismen und Programmen. Wenn ihr nicht gerade mit einer tiefgreifenden Veränderung, beispielsweise einer Krise oder einem besonders glücklichen Ereignis beschäftigt seid, plätschert euer Fluss des Lebens häufig nur so dahin. Ihr sprecht dann davon, wie schnell die Zeit vergeht und dass diese vergangene Zeit nicht wieder kommt. Tiefgreifende Veränderungen, die euch alles abverlangen, sorgen dafür, dass ihr bewusst werdet und eure Automatismen und Programmierungen hinterfragt – sie können Momente des Erwachens für euch Menschen sein.

Dennoch sind die tatsächlichen Impulse eines Erwachens, nicht die Veränderungen im Außen zunächst, die euch ein Umdenken und ein verändertes Verhalten abverlangen. Sondern es ist eine Resonanz in euch, die diese Veränderung im Außen überhaupt kreiert. Also ist es so, dass letztlich ihr selbst und nicht die Veränderung der Impuls eures Erwachens seid.

Und wir möchten euch die herausfordernden Fragen stellen:

Wie wäre es, wenn ihr nicht nur in Zeiten von Krisen oder kraftvoll, positiven Ereignissen an eurem Erwachen arbeiten würdet?

Wie wäre es, wenn ihr diesem Impuls stetig und unabhängig von äußeren Umständen folgen würdet?

Eine Wachheit des Geistes und der Bewusstheit zu erzielen ist, den bisher doch so eintönigen Alltag zu etwas Einzigartigem und Wunderbarem emporzuheben. Deinen erwachten Geist mit in deinen Alltag zu nehmen, bedeutet mehr und mehr, sich deiner Programmierungen und Muster gewahr zu werden, sie mit einem wachen Geist loszulassen und durch kraftvolle, neue, positive Gewohnheiten zu ersetzen.

Das heißt, wir möchten dich einladen, gerade den Alltag deines Lebens, nicht einfach so dahin plätschern zu lassen und ihn zu verschlafen. Sondern voller Freude und Neugier jeden Tag zu beginnen in der sicheren Gewissheit, dass in der Wachheit und der Klarheit deines Geistes, dort Selbstentfaltung und Selbsterkenntnis auf dich warten. Mit dieser Wachheit des Geistes spürst du eine Vorfreude auf jeden Tag, eine ungehemmte, freie Liebe zum Leben.

Und so kannst du dich entscheiden, ob du deinem Erwachen folgst und am Ende deines Lebens reich erfüllt mit Erfahrungen, Erkenntnissen und Weisheit dieses Leben verlässt, um in eine neue Daseinsform zu wechseln. Du kannst dich allerdings auch entscheiden, ob du deinen Alltag und dein Leben überwiegend unbewusst verbringen möchtest, weil dies scheinbar leichter, widerstandsloser, bequemer ist, du aber am Ende deines Lebens, also dann wenn wieder das Erwachen ganz nah ist, voller menschlicher Reue auf die nicht genutzte Zeit, die verstrichenen Möglichkeiten, die nicht getroffenen Entscheidungen und die nicht durchgeführten Taten zurückblickst.

Wenn deine Seele am Ende deines Lebens hier im Menschsein diesen Körper verlässt, betrachtet sie das gelebte Leben in bedingungsloser Liebe und frei von Wertung. Das heißt, die Reue, die du möglicherweise spürst an deinem Lebensende, ist eine reine menschliche Regung, denn die Seele hat keinen Grund etwas zu bereuen. Sie ist in Akzeptanz von Allem-Was-Ist. Die menschliche Reue besteht in der Annahme, dass die Zeit und die Chancen verstrichen sind, für immer. Ihr Menschen befindet euch in einer linearen Zeitrechnung, was bedeutet, dass ihr davon überzeugt seid, dass die Vergangenheit unwiederbringbar verloren ist.

Eure Seele weilt außerhalb von Raum und Zeit und ist verbunden mit Allem-Was-Ist. Sie ist sich gewiss, dass es keine verpassten Gelegenheiten und Möglichkeiten gibt. Nichts kann verloren gehen oder zurückbleiben.

Deine Seele wird eine neue Möglichkeit des Lernens und Wachsens suchen in einer anderen Konstellation, Umgebung und Ausgangsposition, unter Berücksichtigung des Resümees deines eben verlassenen Lebens.

Wenn du also heute, jetzt und hier, auf dein Leben blickst, richte deine Aufmerksamkeit auf die Möglichkeiten des Lernens und des Wachsens, auf die Gelegenheiten der Selbsterkenntnis und Selbstentfaltung. Löse dich von dem Gefühl der Reue und der Schuld, indem du dir vergegenwärtigst, dass du bedingungslos geliebt bist. In dieser Bedingungslosigkeit bestehen keine Schuld, keine Strafe und keine Sühne. So lasse auch du deine Selbstbestrafung und deine Selbstbeschuldigung jetzt fallen.

Das Gefühl der Reue wird dich aus deiner inneren Mitte reißen und die Anerkenntnis deiner eigenen, wahrhaftigen Größe verneinen. Deshalb solltest du dieses Gefühl mit der Kraft der Vergebung jetzt in dir loslassen. Begegne dir selbst in Güte und Mitgefühl und akzeptiere und liebe dich so, wie du bist. Lebe dein Leben voller Sinnlichkeit, berauschend wie ein wunderbares Fest, atemberaubend wie eine aufregende Reise, befreiend wie ein Freiflug und so erquickend wie eine Achterbahnfahrt.

Abwarten, Untätigkeit und Passivität bilden das nährende Fundament der Reue. Und so möchten wir dich einladen, stets in Aktivität und Bewegung zu bleiben, dein Leben aktiv in die Hand zu nehmen, anstatt nur darauf zu reagieren. So hat Reue keine Möglichkeit, zu existieren oder zu wachsen.

So sei es.

Lebe deine Freiheit

Das Thema der Freiheit ist bei euch Menschen ein sehr wichtiges und großes Thema. Und so möchten wir etwas näher auf die Freiheit in eurem Leben eingehen.

Obwohl Freiheit ein ethisches und moralisches hohes Gut ist, ist es so, dass es euch Menschen schwer fällt, tatsächlich in Freiheit zu sein und zu leben. Nun, was meinen wir damit? Wir meinen die Freiheit, die in eurem Inneren besteht, die Grenzenlosigkeit eures Geistes und eurer Vorstellungskraft, eurer Manifestationskraft und Schöpferkraft.

Unabhängig von äußeren Umständen, ob ihr nun in einer Gesellschaftsform, einer religiösen Gemeinschaft oder gar in Gefangenschaft lebt, die im Außen in eurem Alltag eure Freiheit tatsächlich beschneiden, kann es dir dennoch gelingen, dich frei in deinem Inneren zu fühlen. Der Einzige, der tatsächlich die Macht über deine Freiheit hat, bist du.

Wir beobachten häufig, dass Menschen von ihrem Geburtsrecht der Freiheit keinen Gebrauch machen und lieber in einer gut durchdachten Vermeidungsstrategie der Unfreiheit verbleiben. Sie wähnen sich in Verpflichtungen, aus denen es scheinbar kein Entrinnen gibt. Sie erschaffen sich selbst Barrieren und Hindernisse in ihrem Denken und damit auch in ihrem Handeln. Sätze wie: „Das geht doch nicht", „Ich kann das nicht", sind wiederkehrende Aussagen, die Ausdruck dieser Unfreiheit sind und diese immer wieder bestätigen, bekräftigen und untermauern.

Wir möchten dich einladen, dich wieder selbst zu befreien und dich damit selbst zu bemächtigen. Der Weg der Freiheit bedarf des Mutes und des Vertrauens. Wenn du deinem wahren Selbst jedoch folgst, ist er stets von Erfolg gekrönt. Der Weg der Freiheit beginnt in dem Loslassen von begrenzenden Mustern, sodass deine Vorstellungskraft und deine Gedanken wieder frei werden können. Es ist so, als ob du sinnbildlich wieder beginnst, über den Tellerrand hinaus zu schauen und du eine Ahnung davon bekommst, was möglich ist, jenseits deiner eigens erschaffenen Barrieren.

Dieser erste Schritt der Befreiung findet in dir selbst statt und nur du kannst ihn tun, diesen Schritt. So richte deine geistige Vorstellung darauf aus, ob deine Gedanken, die du denkst, dir Freiheit schenken oder ob sie dich begrenzen.

Der zweite Schritt deiner Befreiung ist das Befreien aus begrenzenden Gefühlen und Emotionen. Welches emotionale Gefängnis hast du dir selbst erschaffen und dich damit selbst abgeschnitten von allen diesen großartigen Gefühlen der Liebe, Freude, Leichtigkeit, Güte, Leidenschaft, Inspiration? Der Befreiungsprozess aus deinen negativen, begrenzenden Emotionen besteht aus dem Erlernen von Akzeptanz dir selbst und anderen gegenüber, sowie aus kraftvoller Vergebung und Befriedung der Vergangenheit. Über die Kraft der Vergebung und über Akzeptanz findest du den Weg aus deinem emotionalen Gefängnis. Und du kannst dir dann wieder selbst nah sein, dich wieder selbst und andere spüren.

Der dritte Schritt in deine Freiheit ist die Umsetzung in deinem Alltag. Das heißt, deine neugewonnene, freie Geisteshaltung gepaart mit deinen vielfältigen positiven, kraftvollen Gefühlen und Emotionen zu nutzen, um Veränderung tatsächlich in deinem Leben zu bewirken. Denn eine innere Befreiung hat zweifelsohne Auswirkungen auf deine Außenwelt, deinen Alltag sozusagen. In diesem Umsetzungsprozess wird es dir insbesondere innerhalb von Beziehungen dienlich sein, die Fähigkeit zu besitzen, Grenzen zu setzen.

Nun, du wirst uns sicherlich fragen wollen, wie gerade die Grenzziehung Freiheit bewirken kann, wo doch Freiheit Grenzenlosigkeit ist. Das Erleben von Freiheit besteht zunächst dann in der Umsetzung des Erschaffens eines eigenen Raumes, indem du deine neu gewonnene Freiheit leben kannst. Dieser Raum ist dein Raum. Er wird definiert von Grenzen. Grenzen der Liebe und nicht des Egos. Grenzen, die sich herausgebildet haben, aufgrund der Eigenliebe und deiner inneren Freiheitsbewegung. Und in der Umsetzung der Freiheit in deinem Alltag, wird es für dich die erste Herausforderung sein, für diesen eigenen Raum der Freiheit und Eigenliebe bewusst einzustehen. Tust du dies in Liebe, wird dein Umfeld mit Wertschätzung und Respekt reagieren. Und dann kannst du beginnen, deine Grenzen deines eigenen Raums mehr und mehr auszudehnen, zu entfalten, bis hin zu dieser freien Grenzenlosigkeit, die daraus entsteht, dass dein liebendes, ewiges und unendliches Selbst in einer Resonanz von Freiheit nach außen strahlt. Und dann fallen diese Grenzen und du bist eins mit Allem-Was-Ist.

Hinterfrage also in deinem Alltag, wann du dich frei oder unfrei fühlst. Welche Gedanken und Gefühle und Emotionen damit verbunden sind. Entwickle erste kreative Schritte der Umsetzung in deinem Alltag, sodass tatsächlich Veränderung in dein Leben kommt. Orientiere dich dabei nicht an anderen, sondern konzentriere dich auf dich selbst. Enttarne Erwartungen und Projektionen von anderen und erkenne auch hierin die Möglichkeit, dich selbst zu befreien. In dem du dich selbst wahrhaftig kennst, sich dir dein Selbst offenbart und du voller Liebe zu dir selbst und Allem-Was-Ist bist, bist du frei.

So sei es.

Erschaffe dir Momente und Orte des Rückzugs

Dein Leben hier als Mensch ist geprägt von einer Flut von Informationen, Impulsen und Sinneseindrücken. In Bruchteilen von Sekunden in deinem Alltag entscheidet dein Gehirn und im speziellen deine Zirbeldrüse darüber, ob etwas von dieser ganzen Flut relevant und wichtig ist oder nicht von Beachtung und unwichtig ist. Die Zirbeldrüse als Sitz deiner Bewusstheit und Brücke zu deinem seelisch-geistigen Wesen, bedarf daher großer Aufmerksamkeit. Je mehr du deine Zirbeldrüse bewusst einsetzt, für die Klärung deiner Gedanken und der Flut an Informationen, umso ein bewussteres Leben kannst du leben.

Oftmals ist es jedoch so, dass diese Flut an Informationen, Impulsen und Sinneseindrücken nicht von deiner Bewusstheit direkt wahrgenommen wird, sondern von dem Filter deiner Programmierungen und Muster bereits abgefangen, bewertet und beurteilt werden. Während dein Bewusstsein in absoluter Akzeptanz ist, ist dein Verstand in einem Zustand von Beurteilung und Bewertung. Das Fundament für die Beurteilung und Bewertung ist der große Datenspeicher deines Unterbewusstseins, wo all deine vergangenen Erfahrungen abgespeichert, sozusagen archiviert sind. In einem nahezu unbewussten Automatismus folgst du, in der Regel - also zu über 95 Prozent, in deinem Alltag dem Verstand und damit deinen Programmen und Mustern. Um dies mehr und mehr außer Kraft zu setzen und um die Flut an Informationen zu stoppen, ist es für dich wichtig, aus unserer Sicht, Momente und Orte des Rückzugs zu erschaffen.

Wir raten dir deshalb, dir eine neue Gewohnheit anzueignen, die davon geprägt ist, sich Zeiten und Orte des Rückzugs zu erlauben, sozusagen die Pause-Taste zu aktivieren. Von der Aktivität in deinem Alltag, ganz bewusst regelmäßig in die Stille zu gehen, wird für dich vielleicht am Anfang sehr ungewöhnlich sein. Es kann eine Herausforderung sein, still zu werden. Und Unruhe macht sich breit in deinem System oder gar ein schlechtes Gewissen entsteht, weil du glaubst, dass es noch so viel gäbe, was zu erledigen sei.

Damit ein Denken und ein Tun eine neue Gewohnheit wird, bedarf es einer Regelmäßigkeit, einer Selbstverpflichtung und Disziplin. Wir raten dir deshalb, dass du mit fünf bis zehn Minuten täglich beginnst, dir eine feste Uhrzeit und einen festen Ort einplanst, um dich zurückzuziehen, um von deinem Bewusstsein her zu reflektieren, welche Informationen und Impulse tatsächlich wichtig sind für deine Selbstentfaltung und dein Wachstum.

Dein kurzer, täglicher Rückzug sollte geprägt sein von einem bewusst geschaffenen Moment des Wohlbefindens und der Entspannung, dem Loslassen geschäftiger Aktivität und der Zuwendung zum eigenen Selbst. Dieser Rückzug wird dir dabei helfen, dich zu besinnen. Das bedeutet, dass die Informationen und Eindrücke, die auf dich einströmen, dahingehend wahrgenommen werden, ob sie für dich sinnvoll sind. Das heißt, es erfolgt eine innere Schau, ob sie dienlich sind für deinen Sinn in deinem Leben. Die Anbindung an die Sinnfindung ist die Anbindung an deine Weisheit in dir. In diesem Rückzug, sei er auch wirklich nur für einige Minuten, darfst du ganz du selbst sein. Du darfst deine Rollen und Masken ablegen, du musst nichts beweisen, nichts leisten, niemanden überzeugen und nicht kämpfen. Wir möchten dich einladen für die nächsten dreißig Tage, dir jeden Tag einen Moment und einen Ort des Rückzugs zu schenken. Und du wirst sehr bald spüren, dass nach diesem Rückzug deine Sinne geklärt und erfrischt sind, du zentriert und geerdet bist und voller neuer Kraft aktiv in deinem Alltag leben kannst.

Dieser Rückzug kann dich bewahren vor Reizüberflutung, Überforderung und Erschöpfung. Und möglicherweise wird diese kleine Gewohnheit dann zu einer größeren und du wirst Ausschau halten nach Zeiten am Tag, an denen du diesen Rückzug ausdehnen kannst. Nicht als eine Flucht vor dem Alltag, sondern als einen Weg, die eigene, innere Kraftquelle aufzusuchen und von ihr zu schöpfen.
So sei es.

Krisen meistern

Häufig werden wir von euch Menschen um Rat gefragt, wenn ihr euch in einer Lebenssituation befindet, die ihr als Krise wahrnehmt. Mit Krise meinen wir, eine Situation in eurem Leben, die ihr als negativ erlebt, die euch vor eine solche große Herausforderung stellt, dass ihr scheinbar mit eurem Latein am Ende seid. Es ist sozusagen der absolute Ernstfall eingetreten in eurem System. Alle inneren Alarmglocken geben Signal und fordern euch auf, jetzt ins Handeln zu kommen.

Das bisher gewohnte Denken und Handeln ist jedoch in einem solchen Ernstfall nicht geeignet, um Lösungen zu bieten, es sei denn, wenn ihr regelmäßig den Ernstfall geprobt und dessen Abwicklung trainiert habt. So, wie es eure Heere, Armeen und Wehren tun. Sie proben für den Ernstfall, um vorbereitet zu sein. Doch scheinbar ist es so, dass euch eine persönliche Krise im Leben stets unvorbereitet, auf dem falschen Fuß stehend, erwischt. In einer Krise sind insbesondere das Wissen um deine Talente und Gaben gefragt, als auch das Abrufen von Weisheit, die du durch Erfahrungen und Erkenntnisse gewonnen hast. Da du in einer Krise persönlich und emotional angespannt, verwirrt, destabilisiert und möglicherweise auch ein wenig desorientiert bist, fällt dir genau das schwer.

Das heißt, um ein gut funktionierendes Krisenmanagement einzurichten, raten wir dir, außerhalb einer bestehenden Krise an der Wahrnehmung und Wertschätzung deiner Talente und Gaben zu arbeiten, sie zu erkennen und sie zu leben. Wir raten dir, dich stetig damit zu beschäftigen, aus deinen Erfahrungen, mögen sie in deiner menschlichen Wertung positiv oder negativ sein, stets Erkenntnis und Lernerfolg zu erzielen, sodass du an Weisheit und nicht nur an Wissen gewinnst. Weisheit ist integriertes Erkenntnis-Wissen. Integration damit meinen wir, dass dieses Wissen ein Teil von dir wird und dass es ohne weitere Neubetrachtung und Rückerinnerung abrufbar ist. Eben weil du dir dieses Wissen als Weisheit zu Eigen gemacht hast.

So besteht das Training darin, dies außerhalb einer Krise einzuüben, um auf der einen Seite auf eine mögliche Krise vorbereitet zu sein. Der viel größere Gewinn wird allerdings dabei sein, dass wenn ihr diese Techniken regelmäßig durchführt, ihr immer weniger und am Schluss gar keine Krisen mehr in eurem Leben erleben werdet. Denn, wenn ihr euch so sehr liebt, dass ihr eure Gaben und Talente stets in eurer Präsenz habt und lebt, wenn ihr eure Weisheit lebt, ausagiert und damit schöpferisch erschafft, dann werden Krisen zu Herausforderungen, sozusagen Situationen, in denen ihr euch selbst leben könnt. So wird aus einer Krise, die ihr emotional als negativ und schwer empfindet, ein positiver kraftvoller Akt des Wachsens und Lernens. Und dann wird das Leben eine neue Leichtigkeit erfahren. Das bedeutet nicht, dass Herausforderungen nicht euer ganzes Können beanspruchen werden. Die Leichtigkeit besteht darin, dass ihr die Gewissheit in euch tragt, dass ihr all die Werkzeuge, die es braucht, um diese Herausforderung zu meistern, zur Verfügung habt.

So frage dich regelmäßig:
„Was sind meine Gaben und Talente und wie kann ich sie in meinen Alltag einbringen, um kreative Lösungen für meine Probleme und Herausforderungen zu erhalten?"

Frage dich stets, wenn du durch eine Situation und Erfahrung gegangen bist, worin die Lerninformation und der Lernerfolg für dich bestanden. Ziehe eine Schlussfolgerung, die dir für dein weiteres Wachstum und deinen Weg dienlich ist. Lasse diese positive Schlussfolgerung Teil deiner Weisheit sein.
Wir möchten dich einladen, das Leben zu lieben.
So sei es.

Wo gehst du hin, wenn dein Körper stirbt?

Auch wenn das Thema des menschlichen Todes grundsätzlich bei euch Menschen ein massives Thema der Vermeidung ist, werden wir immer wieder gefragt, wenn ein geliebter Begleiter verstorben ist, was es mit dem körperlichen Tod und dem Weiterexistieren der Seele auf sich hat. Gerne möchten wir ein wenig Licht ins Dunkel bringen und euch damit die Angst vor dem großen Tabuthema Tod nehmen.

Vorab möchten wir euch trösten, dass der menschliche, körperliche Tod nicht das Ende ist. Aber lasst uns ganz von vorne beginnen. Und damit meinen wir die Entscheidung deiner Seele, sich im körperlichen Menschsein zu erfahren. Deine Seele, die sich abgetrennt hat von der Einheit der göttlichen Quelle, um sich selbst zu erfahren, zu entfalten in einer Individualität mit dem Ziel, nach dieser Erfahrungsreise wieder zur Einheit der göttlichen Quelle zurückzukehren.

Bevor ein menschliches Wesen, ein menschlicher Körper geboren wird, findet die Empfängnis statt. Und die Empfängnis ist viel mehr als ein rein körperlich, biologischer Vorgang. Es ist das Bejahen und das Empfangen eines Seelenlichtes, um ihm durch einen materiellen, biologischen Vorgang, die menschliche, körperliche Erfahrung zu ermöglichen. Das Seelenlicht folgt sozusagen der Einladung der Seele der Mutter. Beide kommen überein, dass dies die bestmöglichste Kombination, Voraussetzung und Konstellation ist, um maximale Erfahrungen und eine Entfaltung des Selbst zu erreichen. Es ist also so, dass dein Seelenlicht und dein Bewusstsein bereits vor dem Entstehen deines menschlichen Körpers vorhanden sind. Beides, sowohl Seele als auch Bewusstsein, existieren ewiglich, außerhalb von Raum und Zeit.

Mit Eintritt in dieses Leben durch eure physische Geburt, ist es so, dass das Bewusstsein und ein kleiner Funke des Seelenlichtes sich an diesen menschlichen Körper anhaften, um ihn zu beleben und mit Energie zu füllen. So ist es euch möglich, in einem rein körperlichen, materiellen Leben als Mensch, Zugang zu eurem Bewusstsein und zu eurem Seelenlicht zu haben. Und das jederzeit. Viele Menschen sind sich mit Eintritt in dieses Leben ihres Seelenfunkens und ihres Bewusstseins nicht gewahr. Die Erinnerung, die sie bei der Empfängnis noch in vollstem Bewusstsein hatten, verblasst mehr und mehr. Der Verstand in der Materie rückt mehr und mehr in den Vordergrund und bestimmt scheinbar zunehmend das menschliche Leben.

Unabhängig, ob ein Mensch sich seines seelischen Funkens und seines Bewusstseins im Laufe seines menschlichen Lebens gewahr ist oder nicht, am Ende eines menschlichen Lebens steht ihr alle wieder an der gleichen Schwelle. Ihr Menschen nennt sie die Schwelle des Todes. Wir nennen es den Wechsel in eine andere Daseinsform. Und so, wie ihr in dieses Leben hineingleitet, gleitet ihr wieder hinaus. Euer menschlicher Körper ist vergänglich, da er Materie ist und Teil des Kreislaufs aus Werden und Vergehen ist. Vor und nach deinem menschlichen Leben existieren dein Seelenlicht und dein Bewusstsein weiter. Was stirbt ist letztlich deine menschliche, körperliche Hülle.
So ist der Sterbeprozess davon geprägt, noch einmal Rückschau zu halten auf das menschliche Leben, Schlussfolgerungen zu ziehen, um abschließende Erkenntnis zu gewinnen, die als Erfahrungsschatz aus diesem Leben mitgenommen wird.

Im Sterbeprozess löst sich die Anhaftung eures seelischen Funkens und eurer Bewusstheit langsam von der körperlichen Materie wieder ab. Zurück im irdischen Reich bleibt ein verstorbener, menschlicher Körper. Darüber hinaus existieren weiter das Seelenlicht und das Bewusstsein.

Der Verlust eines geliebten Menschen lässt euch trauern, denn dieses Wesen ist für euch nicht mehr begreifbar, spürbar, antastbar, erfahrbar und erlebbar. Alle die menschlichen Attribute sterben mit dem menschlichen Tod. Auch das persönliche Wesen eines Menschen, die Rolle, die Persönlichkeit, die Lebensumstände, die die Seele gewählt hatte für dieses Leben, enden mit dem Tod.

Tröstlich für euch sollte sein, dass eine Kommunikation auf Herzensebene weiterhin mit dem seelischen Funken und dem Bewusstsein des Verstorbenen möglich ist. Das heißt, die Art der Beziehung und der Kommunikation ändern sich. Und es ist nicht die Zeit, die die Tränen trocknet und die Trauer besänftigt, sondern es ist dein eigenes, inneres Erwachen und die Erkenntnis, dass wenn du dich selbst auf deine Bewusstseinsebene, deine Seelenebene, also auf deine Herzensebene begibst, du verbunden bist mit Allem-Was-Ist, mit deinen geistigen Führern, mit den Verstorbenen. Und die Tränen werden trocknen und die Trauer wird wie ein Windhauch vergehen, wenn es dir gelingt, den Tod eines geliebten Menschen nicht länger als einen Verlust zu erleben, sondern als wahrhaftige Möglichkeit für dich, in dein Herz zu gehen, bewusst zu sein, dich an deinen Seelenfunken zu erinnern, sodass Kontakt und Kommunikation zu den geliebten Verstorbenen jederzeit möglich ist.

So sei es.

Wann wird aus Hoffnung Glaube?

Wir möchten mit euch über das Thema Hoffnung und Glaube sprechen und wie es sich auf dein Leben und Dasein auswirkt. Wenn du dir etwas erhoffst oder glaubst, dann betrittst du sozusagen zwei verschiedene Welten in dir. Zu hoffen, bedeutet in „möglicherweise vielleicht" zu denken. Während zu glauben bedeutet, überzeugt zu sein, dass etwas so ist, wie es ist.

Hoffnung wird begleitet von Zweifeln. Glauben wird begleitet von Gewissheit. Wenn du dir etwas erhoffst in deinem Leben, befindest du dich in deiner Welt, in der du Opfer bist. Glaubst du etwas, lässt du Hoffnung zu einer positiven Gewissheit werden, zu einer Überzeugung sozusagen. So betrittst du deine Welt der eigenen Meisterschaft und Schöpferkraft.

Wenn du dir etwas erhoffst, so strebst du zwar nach einen positiven möglichen Ausgang, du bist dir jedoch nicht deiner Rolle als kreativer Schöpfer in deinem Leben gewahr. Du hältst es für möglich, dass andere Personen, äußere Umstände, unglückliche Fügungen dafür Sorge tragen könnten, dass das, was du dir wünschst, nicht eintreten wird. So bist du quasi ein Spielball im Fluss des Lebens und hoffst auf dem Fluss zu treiben. Ihr Menschen sagt häufig: „Die Hoffnung stirbt zuletzt" und letztlich ist dies Ausdruck eines Versuchs, sich auf die positive Kraft und einen glücklichen Ausgang eurer Lebensreise zu konzentrieren und auszurichten. Und wenn diese Hoffnung stirbt und ihr nicht einmal in „vielleicht" oder „möglicherweise" denken könnt, so kann dieses gewünschte Ziel nicht erreicht werden.

So möchten wir dich einladen, wieder vom Hoffen zum Glauben zu kommen. Dabei ist die Hoffnung nicht zu bewerten, ganz im Gegenteil. Aus unserer Sicht ist sie der erste Schritt, um dich an deine Schöpferkraft wieder zu erinnern und dich aus der Rolle des Opfers wieder zu befreien. Die Hoffnung wird gespeist von deinem unbegrenzten Geist, etwas für möglich zu halten. Sozusagen auf ein Wunder zu hoffen. Wenn ihr innerhalb dieses Hoffens begreift, dass alle Macht in euch liegt, dass Gewünschte zu erhalten, euer Leben selbst nach euren Wünschen zu erschaffen, so kann Hoffnung nach und nach zu Glauben werden. Glauben ist die Überzeugung und die Gewissheit über eure eigene Wahrhaftigkeit, die Wahrheit über euer Selbst, dem alles möglich ist.

Es ist zu hinterfragen, wem ihr glaubt und an was ihr glaubt. Alles in eurem Leben, wirklich alles, sollte der Festigung des Glaubens an euch selbst dienen.

Überzeugt nicht andere, sondern überzeugt euch selbst. Überzeugung geschieht nicht auf der Ebene des Verstandes, sondern auf eurer Herzensebene. So ist euer tiefer Glauben an euch selbst und an die Welt, die ihr erschaffen habt und in der ihr lebt, eine emotional spürbare und erfahrbare Weisheit in euch. Es ist ein Lernprozess für euch wieder auf euch selbst zu vertrauen, anstatt einem anderen Glauben zu schenken. Euch wieder selbst nah zu sein, anstatt euch auf die Wahrheit eines anderen zu verlassen.

Wenn wir sagen: „Wir glauben an dich, an dich als ewigliche, freie, unantastbare Seele", so soll dich dies bestärken in deinem Prozess der Selbstbemächtigung, um wieder zurückzukehren in den tiefen Glauben an deinen Seelen- und Lebensplan, an deine Herkunft aus der göttlichen Quelle und an die Anbindung an Alles-Was-Ist. So kehrt voller Hoffnung an den Glauben an euch selbst zurück.

So sei es.

Was ist die geistige Welt?

Die geistige Welt ist eine Welt, in der Nicht-Körperlichkeit existiert (Körper im Sinne eines materiellen Körpers). Es existiert sozusagen eine Art Geist-Körper, eine formlose Ansammlung von Energie und Licht. Wenn du als bewusster Mensch dich öffnest für die geistigen Sphären, indem du dein Bewusstsein erweiterst, so kannst du mit der geistigen Welt Kontakt aufnehmen. Bewusstsein zu erweitern, damit meinen wir, dass es für dich erfahrbar wird, dass du mehr als nur Mensch in der Materie bist und dass in dir eine Seele wohnt.

Häufig bitten Menschen um Führung aus der geistigen Welt, ohne dabei eine genaue Vorstellung oder Erinnerung daran zu haben, was diese ist. Die geistige Welt existiert in eurer menschlichen Vorstellung in verschiedensten Ausprägungsformen, ob als Engel, eingebettet in die von euch geschaffenen hierarchische Ebenen der himmlischen Boten, ob als Naturwesen, als Gottheiten, als Verstorbene oder gar Außerirdische. Es ist der menschliche Versuch, die nicht greifbare Welt des Geistes mit dem Verstand zu verstehen, diese Welt zu ordnen, zu gliedern, zu strukturieren, um sich darin zurechtzufinden.

Letztlich ist in der geistigen Welt alles eins und unendlich. Doch da dies so wenig greifbar ist, hat die göttliche Quelle sich entschieden, individualisierte Energien in einen Selbsterfahrungsprozess freizugeben. Auch wenn du jetzt einen menschlichen

Körper besitzt, bist du dennoch mit deinem seelisch-geistigen Wesen, mit deinem Bewusstsein, mit deinem Höheren Selbst, Teil der geistigen Welt. Wir als Sprecher des Delta-Bewusstseins haben uns als EMESTHOS-Energie individualisiert, um euch Menschen dienlich zu sein, sich wieder anzubinden an die göttliche Quelle und das Wiedererinnern an das eigene, innere Seelenlicht zu fördern.

Die geistige Welt hat kein Gesicht, keine Form, keine Gestalt, keine Farbe. Und dennoch kann sich individualisierter Geist eine Gestalt, eine Form, eine Farbe, einen Klang wählen, um mit euch im Menschsein in Kommunikation treten zu können. Die geistige Welt weiß um die Notwendigkeit der Begreifbarkeit für euch als Mensch. Viele Menschen haben den innigen Wunsch, einen Vertreter der geistigen Welt zu sehen mit dem inneren Auge. Viele sind stolz, davon berichten zu können, eine Begegnung mit einem Engel sichtbar erlebt zu haben. Engel, Naturwesen, Gottheiten - alle werden vom Mensch versucht abzubilden in einer Gestalt und Form. Zahlreiche Schriften, Gemälde, Kunstobjekte, Statuen zeugen davon. Die geistige Welt lässt sich nicht in eine Form reduzieren, in eine Gestalt sozusagen pressen. Und so bleibt die Abbildung immer nur ein Versuch, etwas sichtbar und begreifbar zu machen.

Und vielmehr als den Wunsch zu hegen, einmal einen Engel oder einen Meister zu sehen, sollte vielmehr das Streben nach einem erlebbaren, spürbaren Moment der Einheit mit ihnen sein. So spürst du die geistige Welt auf deiner Herzensebene mit deinen menschlichen Gefühlen und Emotionen. So kannst du sie begreifen und für dich sichtbar machen.
Die geistige Welt kann jede Form und Gestalt wählen, die dienlich ist für eine Kommunikation mit den verschiedenen materiellen Welten, so wie mit verschiedenen nicht-körperlichen Dimensionen. Und nochmals: Diese Welten und Dimensionen, die wir hier ansprechen, sind letztlich Teil eines Versuchs, die Vorstellung vom Großen Ganzen abzubilden – das Große Ganze, das die göttliche Quelle ist.

Und wenn ihr Menschen verinnerlicht habt, dass die geistige Welt sich nicht zeigt in einer äußerlichen Gestalt und Form, so wird es dir mehr und mehr leichter fallen, hinter die Fassade deines menschlichen Gegenübers zu blicken und jenseits dessen Gestalt die Seele zu erfahren und zu begreifen. Diese Anerkenntnis wird dich darin unterstützen Vorurteil und Wertung, aufgrund von äußerlicher Gestalt, Erscheinungsbild und Form, jetzt und für alle Zeit loszulassen.

So sei es.

Haben Engel Flügel?

In eurer menschlichen Vorstellung existieren Engel in einer sehr menschlichen Gestalt. Oftmals werden sie sehr lichtvoll und mit Flügeln dargestellt und abgebildet. Daraus ergibt sich wiederholt die Frage an uns, ob Engel tatsächlich eine beflügelte Spezies seien.

Wie du vielleicht weißt, können Engel als geistige Wesen jede Form und Gestalt wählen, annehmen und ausdrücken. So haben Engel keine Flügel. Es gilt also die, für euch Menschen so wichtige Symbolkraft eines Flügels, näher zu betrachten.

Flügel zu besitzen, ist von euch Menschen damit assoziiert, fliegen zu können, durch die Luft zu schweben, leicht zu sein, das Leben aus der Vogelperspektive betrachten zu können und so einen Überblick zu haben. So stehen die Flügel sinnbildlich für die Leichtigkeit des Geistes und die Einfachheit des Seins. Sie stehen für Mühelosigkeit in Bewegung, sie stehen für große Übersicht und Weitblick, sie stehen für die Überwindung der Schwere und der Materie.

Die gesamte Symbolkraft der beflügelten Engel soll dich daran erinnern, dass du selbst all diese Aspekte in dir trägst. Möglicherweise bist du dir dessen nicht immer gewahr. Und ob du nun an Engel glaubst oder nicht, so hast du dich sicher schon einmal in deinem Leben beflügelt gefühlt. Und wenn ihr Menschen euch beflügelt fühlt, ihr sprecht von einem Flow, so seid ihr eurer

Seele ganz nah. Ganz nah an dem, was ihr wirklich seid. Und so könnt auch ihr Menschen, je mehr ihr euch wieder eurer eigenen Natur annähert und euer wahres Selbst lebt, beflügelte Wesen sein. Die Verwirklichung des Traums vom Fliegen des Menschen hat der gesamten Menschheit großes Wachstumspotential beschert und neue Horizonte geöffnet. Einen persönlichen Höhenflug zu erleben, kann sehr berauschend sein. Doch hüte dich davor, dass dein Ego Lenker dieses Höhenfluges ist. Denn aufgrund seiner Begrenztheit wird es früher oder später zum Absturz kommen.

Ein nachhaltiger, dauerhafter Flug in Leichtigkeit wird initiiert von deiner Seele. Dann ist es nicht nur ein kurzer berauschender Trip, sondern ein gefühlter stetiger Aufwind unter deinen Flügeln, der dich durch dein gesamtes menschliches Leben voller Vertrauen trägt. Und ja, das Leben besteht aus Höhen und Tiefen und manches Mal veranlasst dich das Leben von einem Höhenflug in einen Sinkflug zu gehen und zur Landung anzusetzen. Doch auch dies kannst du im Vertrauen auf deine Seele mühelos und sicher gestalten, sodass es keine Bruchlandung werde, sondern ein kurzer Zwischenstopp, von dem du weißt, dass er nur dazu dient, zu den nächsten Höhen baldmöglichst aufsteigen zu können. So lasse dich täglich von deiner Herzensenergie, deiner Seelenkraft und Intuition zu neuen Höhen beflügeln, was deine Bewusstwerdung, Selbstentfaltung und Selbstbemeisterung anbetrifft.

Wähle die Leichtigkeit, anstatt der Schwere. Wähle eine neue Perspektive, anstatt eine engstirnige, eingeschränkte Sicht auf dein Leben zu haben. Verlasse voller Mut und Vertrauen deine Komfortzone. Sie stellt lediglich deine Start- und Landebahn dar, dein sicherer Flughafen sozusagen, von dem du aufsteigst und auf dem du landest. Genieße den Flug, das Panorama, die Eindrücke und Erfahrungen, die Erkenntnisse und Emotionen. An alles das, möchten dich die Engel in deiner Vorstellung als beflügeltes Wesen erinnern.

In eurer menschlichen Vorstellung ist alles, was fliegen kann, dem Himmel sehr nahe. Und da ihr in euren Religionen gelehrt werdet, dass eine Wesenheit, die sich Gott nennt, in den himmlischen Sphären herrscht und wandelt, so glaubt ihr, dass die himmlischen Boten von Gott entsandt, dem Himmel ganz nah sein müssen und fliegen können. Löse dich von dieser Vorstellung, denn Engel und auch Gott existieren außerhalb von Raum und Zeit. Also, wenn du den Himmel auf Erden erleben möchtest, wähle die Leichtigkeit, wähle Selbstentfaltung und lebe aktiv und in voller Bewusstheit die Anbindung zur göttlichen Quelle, die im Nicht-Raum von Allem-Was-Ist existiert.

So sei es.

Kannst du die Stille hören?

Wir möchten mit euch heute über die Bedeutung und Wirkung von Klang sprechen. Es ist interessant, dass ihr als Menschen, wo ihr doch so sehr große Aufmerksamkeit auf eine Kommunikation im gesprochenen Wort legt, euch so wenig über die Bedeutung von Klängen im Alltag gewahr seid.

Wenn ihr euch vergegenwärtigt, dass es innerhalb eurer menschlichen Kommunikation verschiedene emotionale Gefühls- zustände gibt, die die unterschiedlichsten Stimmlagen und Wort- wahlen zu Tage führen, so könnt ihr möglicherweise dem zustimmen, dass hier ein Ausdruck von Gefühl und Emotion, über Klang stattfindet. Die Bandbreite von Klängen und Geräu- schen liegt zwischen den Frequenzen, die ihr als hörbar wahr- nehmt und die für euch als Mensch nicht mehr hörbar sind. Jeder Klang erzeugt eine Frequenz, eine Art regelmäßige oder unregel- mäßige Wellenströmung von Energie. Wenn ihr euch vergegen- wärtigt, dass alles aus Energie besteht, selbst eure so dichte Materie, so könnt ihr nachvollziehen, dass Wellen von Klängen selbst bis auf die Materie einwirken können. Ein kräftig gesun- genes hohes C lässt Glas zerbersten. Das ist für euch die bildhafte Darstellung, wie Klang auf Materie wirken kann.

Es ist daher wichtig, für euch Menschen im Transformations- und Aufstiegsprozess, den ihr jetzt auf der Erde durchlauft, be- sonders achtsam mit Klängen, Frequenzen und Schwingungen umzugehen, eine bewusste Wahl zu treffen, welche Klänge und Frequenzen ihr aussenden möchtet, und welchen Klängen und Frequenzen ihr euch aussetzen möchtet.

Jeder Klang hat für euch Menschen, hörbar oder nicht hörbar, eine Wirkung auf euer Energiefeld, euer System und euren menschlichen Körper. Es ist eine irrationale Annahme, dass ihr glaubt, dass nicht hörbare Frequenzen nicht existent seien und frei von Wirkung blieben. Die neue Hochtechnologie, die sich im Moment auf diesem Planeten Erde entwickelt, stellt euer System vor große Herausforderungen, da das Wissen, um die Wirkung von Frequenz und Klängen genutzt wird, um Bewusstheit zu lenken. Umso mehr ist es wichtig, in die Stille zu gehen für euch, um in einen Einklang, dass was wir den Ur-Ton nennen, zurückzukehren.

Das bekannte Mantra Om (Aum) kann euch dazu als gutes Werkzeug dienen. Denn es besitzt eine fast magische Kraft, um euer gesamtes System und euren Resonanzkörper in eine Schwingung des Einklangs, der Harmonie und Einheit zu versetzen. Je mehr ihr dies praktiziert und aus dem Einklang heraus lebt und agiert, umso weniger können euch störende Frequenzen beeinflussen. Mit der Bewusstheit wählt ihr den Schritt, dass ihr nicht mehr länger Empfänger von Klängen und Frequenzen seid, sondern dass ihr aus eurem Selbst heraus, selbst die Frequenz und den Klang der Einheit erzeugt und sendet.

In deiner Stille wird dann dein Einklang für dich hörbar. Du kannst Botschaften, Impulse und Informationen empfangen und du kannst so selbst deine eigene Harmonie und dein eigenes Klangmuster, deine eigene Kommunikation, mit der Innenwelt und der Außenwelt gestalten.

So sei achtsam in deinem Alltag, wann und wo dich Klänge und Frequenzen erreichen, die dich müde und erschöpft, nervös, gereizt und irritiert, traurig oder depressiv sein werden lassen. Wähle bewusste Musik und Klänge aus der Natur, um dein System zu harmonisieren und um es dir zu erleichtern, in deinen

Ur-Ton zurückzukehren. Dieser Ur-Ton verbindet dich mit der Einheit von Allem-Was-Ist, ebenso wie die Liebe es tut. Und so ist es nicht weiter verwunderlich, dass selbst die Liebe sich über diesen Ur-Ton ausdrückt.

Wir raten dir also, regelmäßige innere Einkehr in Stille zu betreiben, um in dir Einklang dauerhaft zu erzeugen. Und aus diesem Einklang entspringt Wohlbefinden und Gesundheit, Wachstum, Entfaltung und Erwachen.

So sei es.

Sind deine Wünsche Träume oder Realität?

Ihr Menschen sagt sprichwörtlich: „Lebe deinen Traum" und das ist ein gutes Motto, das wir aufgreifen und vertiefen wollen.

Wenn du dir etwas erträumst, so tust du dies in deiner Vorstellungskraft. Du bist sozusagen ein Stück weit entrückt von deiner Alltagsrealität, begibst dich in Gedanken an einen Ort zu einer bestimmten Zeit. Träume existieren also in deinem Kopf, in einem veränderten Bewusstseinszustand. Erlebnisse und Wahrnehmungen, die ihr während der Nacht in eurer Schlafphase habt, nennt ihr ebenso Träume. Auch hier seid ihr eurer Alltagsrealität im Tagesbewusstsein entrückt.

Also, wenn du dir etwas erträumst, ist dies weit entfernt davon, in deinem Leben Platz nehmen zu können. Es gilt zu erwachen, um zu erkennen, dass aus deinem Traum ein inniger Wunsch erwachsen sollte. Dieser Wunsch, der dann aus einer Intention heraus genährt wird und von einer Emotion begleitet wird. Intention damit meinen wir, dass dein Wunsch zielgerichtet, detailliert, fokussiert auf ein Ergebnis gestaltet wird. Gleichzeitig ist es wichtig, dass du begreifst, dass die Erfüllung deines Wunsches von einer positiven, kraftvollen Emotion begleitet wird. Du selbst hast es in der Hand, für die Erfüllung deiner Wünsche, Sorge und Verantwortung zu tragen. Und Sorge, damit meinen wir nicht die Sorge der Betrübnis, sondern die Fürsorge, das heißt, sich darum zu kümmern.

Ein Traum wird immer ein Traum bleiben, wenn es dir nicht gelingt, ihn in einen Wunsch umzugestalten. Und so gibt es Träumer in eurem Leben als Mensch, die große Visionen haben in ihrer geistigen Vorstellung. In ihrer Traumwelt sind sie ihr eigener Held. Dort gelingt ihnen alles. Doch in der Alltagsrealität ist von diesen Träumen weder etwas wahrnehmbar noch spürbar. Es fehlt also die Belebung des Traumes. Und euer Wunsch etwas zu kreieren, aus einer geistigen Vorstellung heraus, ist sozusagen euch selbst, aus dem Traum zu erwecken und zum Leben zu rufen.

Wenn du also nicht nur Träumer, sondern Gestalter deines Lebens sein möchtest, so kannst du dich in der Grenzenlosigkeit deiner Vorstellungskraft zunächst all deinen Träumen hingeben. Sei hier unbegrenzt. Versäume es jedoch nicht, diese Träume mit deiner eigenen Energie zum Leben zu erwecken, indem du Intention und Emotion gepaart dazu nutzt, eine neue Realität zu erschaffen. Obwohl du dich in einem Körper in der Materie befindest als Mensch und somit in einer linearen Zeitrechnung weilst, hat dein Geist die außerordentliche Fähigkeit, sich zusammen mit deinem Emotionalkörper über Raum und Zeit hinwegzusetzen. Du glaubst uns nicht? So erinnere dich an eine Situation in deinem Leben, in der du enttäuscht wurdest und wütend warst. Während du dich erinnerst, kannst du die erlebte Enttäuschung wahrnehmen und die Wut in dir spüren, so als ob diese Situation gerade im Hier und im Jetzt geschehen würde.

Also, wenn du fähig bist, Emotionen, ob sie nun negativ oder positiv erlebt wurden, aus der Vergangenheit in das Hier und Jetzt spürbar zu holen, so gelingt es dir ebenso, Raum und Zeit zu überwinden, um wahrzunehmen und zu spüren, wie du dich bei deiner Wunscherfüllung fühlen wirst. Und diese Emotion, die du im Hier und Jetzt spürst, obwohl du an ein zukünftiges Ereignis denkst, ist der Atem, der dem Traum Leben einhaucht.

So sei es.

Reiße deine Herzmauer ein und
liebe bedingungslos

Wir möchten mit euch heute über negative Emotionen sprechen, die eine Herzmauer bilden. Ihr Menschen erfahrt euer Leben spürbar über Gefühle und Emotionen. Diese schenken euch Lebendigkeit. Diese Lebendigkeit in der Materie ist das, was sich eure Seele wünscht in der Erfahrung als Mensch.

In eurer Welt der Dualität und Polarität unterscheidet ihr Gefühle und Emotionen in positiv und negativ. Situationen und Erfahrungen, die euch Erfüllung, Liebe, Freude, Freiheit und Wohlbefinden schenken, nehmt ihr positiv wahr. Erfahrungen und Situationen, die euch die Abwesenheit der eben genannten Aspekte erfahren lassen, ordnet ihr als negativ ein. In der Grundannahme, dass jedes Wesen, mit oder ohne Körper, aus seiner seelisch-geistigen Essenz heraus bedingungslose Liebe in sich trägt, ergibt sich eine absolute Offenheit und Verbundenheit zugleich mit Allem-Was-Ist.

Aufgrund von negativen Erfahrungen, die verbunden sind mit emotionalen Verletzungen, glaubt ihr euch schützen zu müssen, vor einer ähnlichen Erfahrung. Ihr beginnt damit ein Stück weit, euer Herz zu verschließen, diese absolute Offenheit aufzugeben. Da ihr eure bedingungslose Liebe niemals verlieren könnt, weil sie ein allgegenwärtiger, universeller Zustand ist, beginnt ihr um euer Herz einen Schutzwall, eine Mauer zu errichten, aus Angst vor weiteren Verletzungen, Übergriffen und Angriffen auf euer System.

Die Herzmauer soll euch als Schutz dienen. Es ist eine irrtümliche Annahme, dass ihr euch damit von Verletzungen emotionaler Natur heilen könnt. Denn jeder Stein eurer Herzmauer, bildhaft gesprochen, besteht eben aus dieser alten, abgespeicherten, negativen Erfahrung. Ihr glaubt durch die Herzmauer euer Heiligstes und Innerstes, euer Herz und eure bedingungslose Liebe behüten und beschützen zu können. Doch mit jedem Stein, den ihr mehr und mehr auftragt, verschließt ihr euer Herz und damit wird es schwerer und schwerer, Beziehungen auf Herzensebene führen zu können. Denn die Mauern deiner Herzmauer sind so dick, dass deine bedingungslose Liebe sie nicht durchdringen mag.

Stabilisiert wird deine Herzmauer von negativen Glaubensmustern. Sie entstehen dadurch, dass du wiederholt aus negativen Erfahrungen, die gleichen, negativen Schlussfolgerungen für dich und dein Leben gezogen hast.

Es gilt, deine Herzmauer jetzt abzutragen, wenn du mutig genug bist, sogar einzureißen, deine negativen Glaubensmuster zu erlösen, sodass du wieder in die Verbindung und Nähe zu dir selbst, zur bedingungslosen Liebe und zu Allem-Was-Ist zurückkehren kannst. Dazu ist es nicht notwendig, nochmals in den alten Schmerz und in die Dramen der Vergangenheit einzutauchen. Vielmehr ist jeder Stein deiner Herzmauer stellvertretend für Verletzung, Schmerz und Enttäuschung in Respekt, Demut und Liebe zu betrachten. Es gilt seine Präsenz zu würdigen, um dann mit der Kraft der Vergebung ihn abzutragen oder ganze Teile der Herzmauer einzureißen.

Der Vergebungsprozess, der dabei stattfindet, beginnt zunächst bei dir. Vergib dir selbst, dass du eine Herzmauer errichtet hast, dass du dich abgeschnitten hast von deiner Lebendigkeit, deiner Offenheit und der Verbindung zu Allem-Was-Ist, aus Angst vor Schmerz. Manchmal ist dieser Schmerz so groß gewesen, dass du um deine Existenz gefürchtet hast und tiefe Vernichtungsangst von dir Besitz ergriffen hat.

So nimm dich bildhaft voller Demut selbst in den Arm und tröste dich. Und dieser Trost kann wachsen, aus der sicheren

Gewissheit und dem Vertrauen, dass deine Seele unantastbar ist und ewiglich existiert. Mag sein, dass dein Ego in einem Drama stirbt, doch deine Seele in ihrer bedingungslosen Liebe überdauert alles. So spende dir Trost, wann immer du einen Schmerz verspürst und entscheide dich dann in diesem Augenblick, jetzt nicht mehr dein Herz zu verschließen, sondern es offen zu halten, sodass mit der Kraft der Vergebung Heilung geschehen kann.

Diese fundamental wichtige Entscheidung, komme was mag, nun in der Offenheit und in der bedingungslosen Liebe zu verbleiben, setzt eine Transformation deines Glaubenssystems in Gang. Deine alten, negativen Schlussfolgerungen greifen nicht mehr. Mehr und mehr kannst du sie enttarnen und außer Kraft setzen. Es gilt für dich in einer Zielstrebigkeit und Unbeirrbarkeit, sich auf die Offenheit deines Herzens einzulassen. Es gibt keine Sicherheit, kein Netz oder doppelten Boden. Was wir dir sagen und versichern können ist, dass du all dies nicht brauchst, denn es erwartet dich eine unendliche Bedingungslosigkeit, die dich tragen wird, von Anbeginn der Zeit, im Hier und im Jetzt, bis in alle Ewigkeit.

So sei es.

Eigenliebe oder Arroganz und falscher Stolz

Wir sind gekommen, um euch an euer Herz und an eure bedingungslose Liebe zu erinnern, die Wiederanbindung an das einfache Selbst eurer seelischen Essenz. Die Reise ins Herz ist eine Reise, die dich dir wieder selbst nahe bringt. Dein Leben als Mensch ist geprägt von, auf der einen Seite, der Verkörperung deines seelisch-geistigen Wesens und auf der anderen Seite, von deinem menschlichen Verstand und deinen menschlichen Gefühlen und Emotionen. Dies in Einklang zu bringen und in Hingabe zu leben, ist eine Huldigung an dich selbst, was deine Entscheidung anbetrifft, als Seele hier Mensch geworden zu sein.

Wenn wir davon sprechen, dass bedingungslose Liebe der Ursprung und die Essenz allen Seins ist, so ist ein kleiner Funken von dem auch in dir. Dieser kleine Funken sorgt dafür, dass du dich jederzeit an deine Herkunft erinnern kannst und dass du lebendig bleibst in diesem menschlichen Dasein.

Manchmal fühlt ihr euch verloren in diesem Leben, einsam und ungeliebt. All das sind Anzeichen des totalen Vergessens deiner Herkunft. Denn deine Herkunft ist die göttliche Quelle, das All-Eins, das unbegrenzt und ewiglich aus Liebe besteht. Und auch wenn du dich als Mensch manchmal ungeliebt fühlst und dies deine gelebte Realität zu sein scheint, ist die Wahrhaftigkeit dennoch die Anerkenntnis, dass Nichts und Niemand im Universum verloren geht und ungeliebt ist.

Je mehr du beginnst, dich wieder selbst zu lieben, so wie du bist, für das, was du bist und sein wirst, umso mehr gehst du den heiligen Pfad der Rückbesinnung an deine Herkunft. Je mehr Eigenliebe du entwickelst, dir selbst gegenüber als Mensch und diese wachsen lässt voller Vertrauen, umso mehr kannst du in die Liebe des Selbst zurückkehren mit deiner Bewusstheit und mit deinem Herzen. Du belebst dadurch die immerwährende Verbindung zur göttlichen Quelle, die niemals abreißt.

Der Schritt in die Eigenliebe ist der Schritt in deine Wahrhaftigkeit, zurück in deine wahre Natur.

Nun, wenn dies deine wahre Natur ist, und der natürliche Zustand allen Seins ist, warum fällt es euch Menschen dann so schwer, die Eigenliebe in Hingabe zu leben? Es ist die Stimme des inneren Richters, die davor warnt, egoistisch zu sein, falschen Stolz an den Tag zu legen, abzuheben und arrogant, eingebildet und etwas Besseres zu sein. Dein Ego mahnt dich dazu, diese Sehnsucht nach der Eigenliebe fallen zu lassen. Es stellt lukrative, alternative Süchte zur Wahl, die dir suggerieren sollen, dass hier ebenso Glücksgefühle, Liebe, Freiheit und Freude warten. Das Ego mahnt dich vor Größenwahn. Es gilt dies zu durchschauen, indem achtsam im Alltag beobachtet und reflektiert wird, wann Eigenliebe gespürt und gelebt werden kann und wann der innere Richter wieder einmal sein Urteil fällt.

Deine Reise ins Herz ist die Erlösung, auf die du wartest und die du herbeisehnst. Viele Religionen haben diesen vermeintlichen Erlöser personifiziert. Wir sagen dir, du kannst dein eigener Erlöser sein, indem du dir wieder die Erlaubnis gibst, grenzenlos und bedingungslos zu lieben, ein Leben aus tiefstem Grunde deines Herzens zu führen und die Einheit, anstatt der Trennung zu leben. Große Meister weilten für einige Zeiten auf diesem Planeten, um euch ein lebendiges, menschliches Abbild zu geben davon, was jedem Einzelnen von euch selbst möglich ist.

Wir möchten dich einladen, die Suche im Außen nach Liebe zu beenden in der sicheren Gewissheit, dass Liebe in dir ist, du sie nicht suchen brauchst. Allein es fehlt die hingebungsvolle Achtsamkeit, um sie wahrzunehmen, die Offenheit, um sie zu spüren und die Großzügigkeit, um sie zu geben.

So sei es.

Danksagung

Mein Herz ist voller Freude und voller Dank zugleich, dass dieses Buch realisiert werden konnte.

Möglich gemacht haben das:
Veronika Gindele – unermüdlich und mit ganzem Herzblut im Einsatz, wenn es darum geht, EMESTHOS-Channelings zu organisieren, mich dort zu begleiten und alle EMESTHOS-Projekte erfolgreich in die Materie umzusetzen.
Madlene Altenried – in ihrer Anwesenheit Lebensfreude pur versprühend, wenn es darum geht, bei den Seminaren und in der EMESTHOS-Manufaktur kreatives und flexibles „Mädchen für alles" mit Herz und Verantwortung zu sein.
Elena Altenried – Sprachbegabung ohne Worte! Die Unterstützung beim Lektorat und der Korrektur gab mir Rückenwind dranzubleiben.
Nils Hoffmann – kreative und professionelle Umsetzung der Ideen von EMESTHOS, mit einer „Engelsgeduld" in der Zeit vom Beginn des Projektes bis zur Endversion.
Timba Feldmann – meine atlantische Tempelkatze, die es kaum erwarten kann, das nächste Buchprojekt zu begleiten.
Und ich danke EMESTHOS für die Botschaften, die liebevolle Begleitung und Unterstützung. Deine Anwesenheit berührt mein Innerstes zutiefst. Danke für alles, was du mich gelehrt hast.

Mögen alle Leser durch die Worte von EMESTHOS berührt und zurück in ihr Herz begleitet werden.

Über die Autorin

Andrea Stetzuhn ist Engelmedium, spiritueller Coach und Heilpraktikerin. Durch die eigene schwere Erkrankung hat sie sich vor über 20 Jahren aufgemacht, Wege der Heilung zu entdecken. Sie beschäftigte sich intensiv mit den seelisch-geistigen Ursachen von Erkrankung, mit energetischen Heilmethoden und fernöstlichen Lehren. Um den Körper und seine Funktionen besser zu verstehen, besuchte sie die Heilpraktikerschule. Ihr gelang dadurch die, von Ärzten für nicht möglich gehaltene Selbstheilung und die Rückkehr ins Leben aus dem Rollstuhl.

Mit dem Engel EMESTHOS, den sie seit einer Nahtoderfahrung im Jahr 2002 als Medium übermittelt, hat sie das Projekt „Die Reise ins Herz" ins Leben gerufen. Dieses Projekt führt die Menschen wieder zu ihrem Herz, zu ihrem natürlichen Sein und in einen Zustand tiefer Freude, Liebe und Bewusstheit zurück. In Zusammenarbeit mit EMESTHOS sind die EMESTHOS-Therapien® entstanden, ein alternatives Gesamtkonzept für Bewusstwerdung, Persönlichkeitsentwicklung, Wachstum und Wohlbefinden. Hier finden die EMESTHOS®-Öle und –Sprays ihre Anwendung.

Sie bietet seit über 15 Jahren Einzelsitzungen als Trance-Medium mit EMESTHOS an, leitet Meditationsgruppen und hält Seminare über Bewusstwerdung und alternatives Heilen. Die Begleitung von Menschen, die den Wunsch haben, sich selbst wieder zu entdecken, liegt ihr am Herzen.

Über EMESTHOS

Ich bin EMESTHOS, Hüter des Orakels, Botschafter des Friedens, des Lichtes und der Liebe von ALLEM-WAS-IST.
Mit dieser Begrüßung trat am 6. Dezember 2002, während eines Waldspaziergangs im Schnee, eine Engelsenergie in das Leben von Andrea Stetzuhn, die sie seitdem begleitet.
Der Name EMESTHOS leitet sich aus dem lateinischen Silben em, est und hos(pitor) ab und bedeutet: Ich kehre als Gast und Freund ein und bin immerdar.
EMESTHOS inspiriert und ermutigt Menschen, ihren eigenen Weg zu finden und ihn in Freude und Erfüllung zu gehen.
Die Weisheit und Liebe, die von EMESTHOS ausgeht und übermittelt wird, ermöglicht den Menschen die Reise in ihr Herz anzutreten.

Weitere Informationen über die Autorin
und EMESTHOS unter:

www.emesthos.de

EMESTHOS

Weisheitsgeschichten und Zitate zum
Neuen Bewusstsein
Andrea Stetzuhn
Hardcover
ISBN 9783945318003

Das Neue Bewusstsein ist, sich wieder
und wieder für neue Horizonte zu
öffnen. Mit jeder Erfahrung, die du
machst und mit jeder Erkenntnis, die
du gewinnst, erreichst du deinen
Horizont, blickst dahinter und siehst,
dass dort ein weiterer Horizont auf
dich wartet. Das nennt ihr Menschen
die Erweiterung des Horizontes. Wir
nennen es die Erweiterung eures
Bewusstseins.